MON PROGRAMME SPORTIF PERSONNALISÉ

Vous souhaitez vous **reprendre en main**?
Vous voulez améliorer votre **état de santé général**?
Vous axez votre pratique sportive en vue d'atteindre un **objectif précis**?
Vous avez besoin d'**évacuer la pressions**?
Vous désirez **perdre du poids**?
Vous avez la volonté de **dessiner votre corps**?
Vous êtes focus sur une **prise de volume musculaire** ?
...

Peut importe la raison personnelle qui vous pousse à faire du sport, à reprendre le sport ou à vouloir suivre vos entrainements avec minutie.

Ce carnet vous permettra de planifier vos entraînements et de suivre votre évolution sur une durée de 12 semaines.

LE POIDS

Suivre son poids? C'est bien mais c'est loin d'être suffisant. Notre corps peut parfois évoluer de manière visible (surtout avec la pratique du sport) sans que le poids sur la balance n'oscille d'un pouce.

LES MENSURATIONS

En prenant régulièrement vos mensurations, vous pourrez constater clairement votre évolution : est-ce que vous vous êtes affiné(e), est-ce que votre prise de muscles est efficace? Vous le verrez bien plus facilement grâce à vos mensurations, qu'avec votre balance.

Vous pouvez vous repérer sur le schéma afin de savoir où prendre vos mesures.

L'important est surtout la régularité : prenez vos mesures au même moment d'une semaine sur l'autre. De préférence le matin à jeun, mais si vous choisissez un autre moment, conservez cette habitude pour les semaines suivantes.

Tout en veillant à toujours prendre vos mesures aux mêmes endroits, si vous mesurez le haut de votre cuisse en semaine 1 et le milieu de votre cuisse en semaine 2, le résultat risque de vous surprendre fortement, et vous ne verrez pas les vrais résultats.

De même, que vous preniez vos mesures sur un muscle contracté ou détendu n'aura pas un grand impact du moment que vous conservez le même mode de mesure.

LES ENTRAINEMENTS

Ce carnet vous permet de planifier vos propres séances d'entrainement sur 12 semaines. Vous pourrez l'adapter facilement au(x) sports que vous pratiquez : crossfit, fitness, musculation, vélo, yoga, stretching, pilate, course à pieds, natation, entrainements de sports collectifs...

Ce format propose d'axer vos entrainements sous forme de circuits, intégrez jusqu'à 9 exercices par séance, choisissez la durée de l'exercice et/ou le nombre de répétitions à effectuer.

Variez facilement les sports au cours de vos semaines. Grâce au planning global, chaque début de semaine.

AVERTISSEMENTS ET RECOMMANDATIONS

- Ne pratiquez pas d'activité physique sans l'avis préalable d'un médecin
- Pensez à vous hydrater régulièrement (eau plate et nature) avant, pendant et après l'entrainement et tout au long de la journée
- Adoptez une alimentation variée et équilibrée
- Vos apports caloriques doivent être suffisants, ni trop, ni trop peu
  - Pour avoir l'énergie nécessaire pour votre journée et votre entrainement
  - Pour conserver un équilibre et ne pas créer de carences
  - Pour éviter de passer votre corps en "mode famine" (un apport trop faible en calories aura l'effet inverse de celui désiré, et votre corps se mettra à stocker tout ce que vous lui donnez pour survivre)
- Si nécessaire, faites vous accompagner d'un nutritionniste pour adapter votre alimentation
- Si vous n'êtes ni professionnel, ni encadré, et en règle générale, pensez à respecter <u>au minimum</u> 1 à 2 journées de repos par semaine.

Laissez le temps à votre corps pour s'adapter, si vous passez de 0 sport à 5 ou 7 entrainements par semaine, cela peut créer un réel traumatisme et entrainer des blessures. Allez y progressivement. Prudence est mère de sureté.

- Dormez suffisamment et veillez à avoir un sommeil de qualité
- Variez les séances et les exercices, cela permettra à vos muscles et à votre corps de se reposer suffisamment pour une évolution plus rapide et efficace.

BILAN DE DÉPART

ÂGE : ______________________

TAILLE : ______________________

POIDS : ______________________

🕐 DURÉE DE SPORT PAR SEMAINE : ______________________

MENSURATIONS

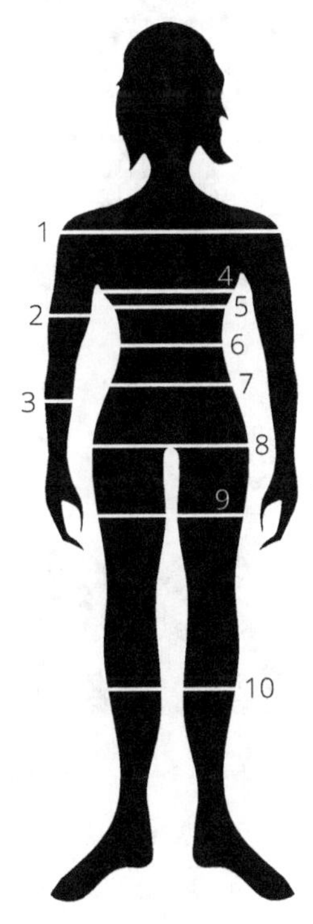

1 - ÉPAULES
2 - BICEPS
3 - AVANT BRAS
4 - POITRINE
5 - SOUS POITRINE
6 - TAILLE
7 - HANCHES
8 - FESSES
9 - CUISSES
10 - MOLLETS

MON RESSENTI GLOBAL

____
____
____
____
____
____

SEMAINE 1

LUNDI
MARDI
MERCREDI
JEUDI
VENDREDI
SAMEDI
DIMANCHE

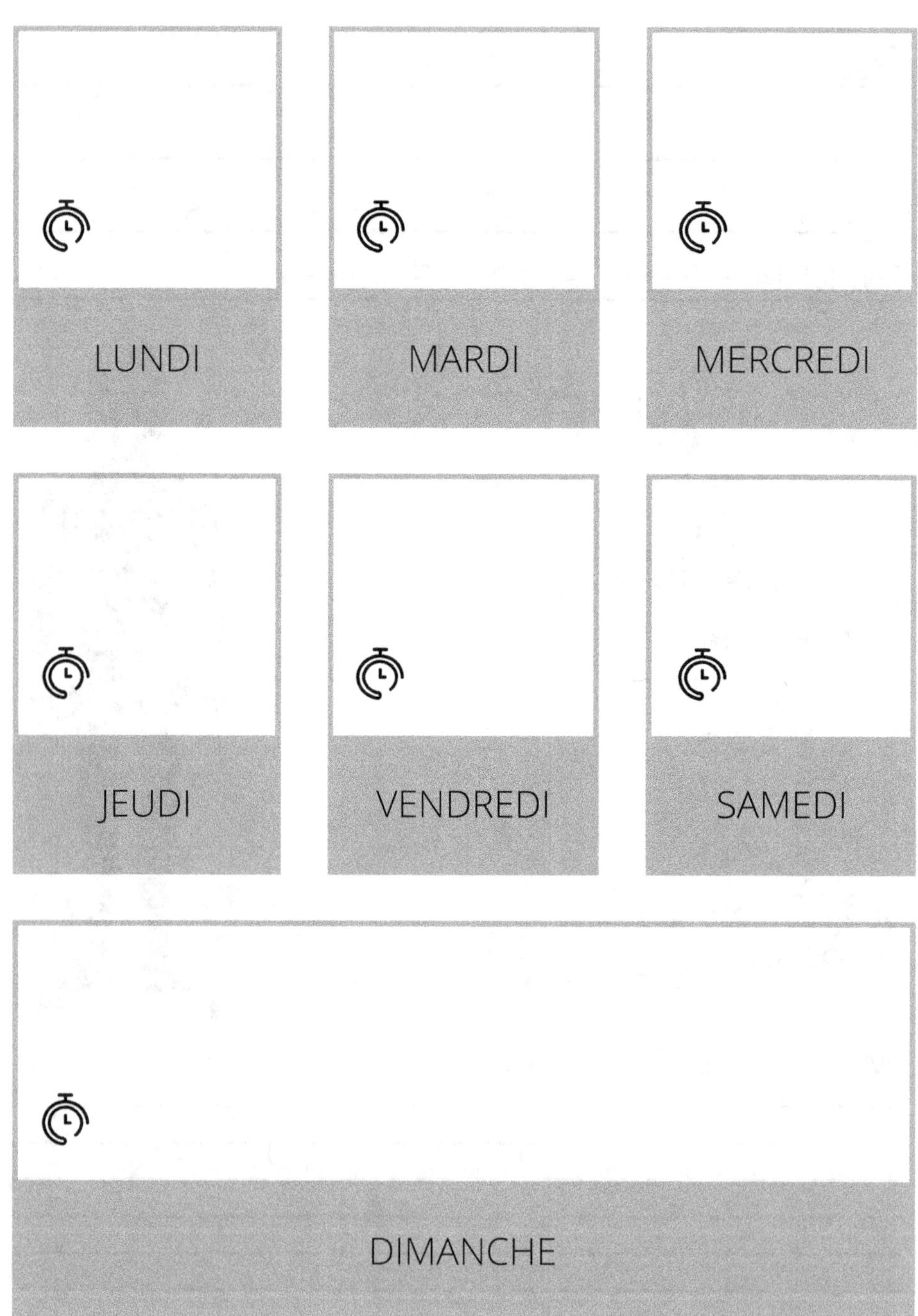

SEMAINE 1 - JOUR 1

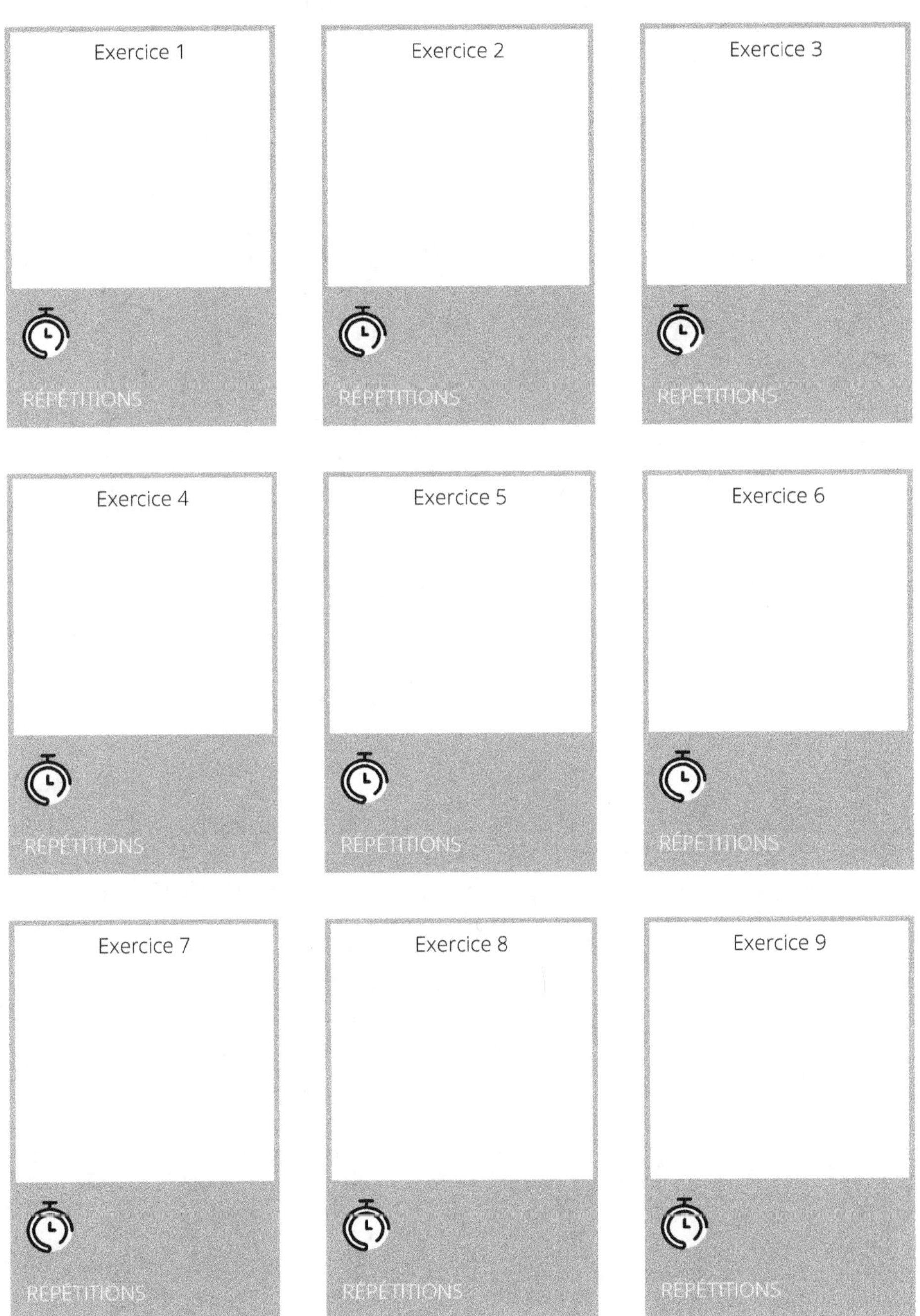

SEMAINE 1 - JOUR 2

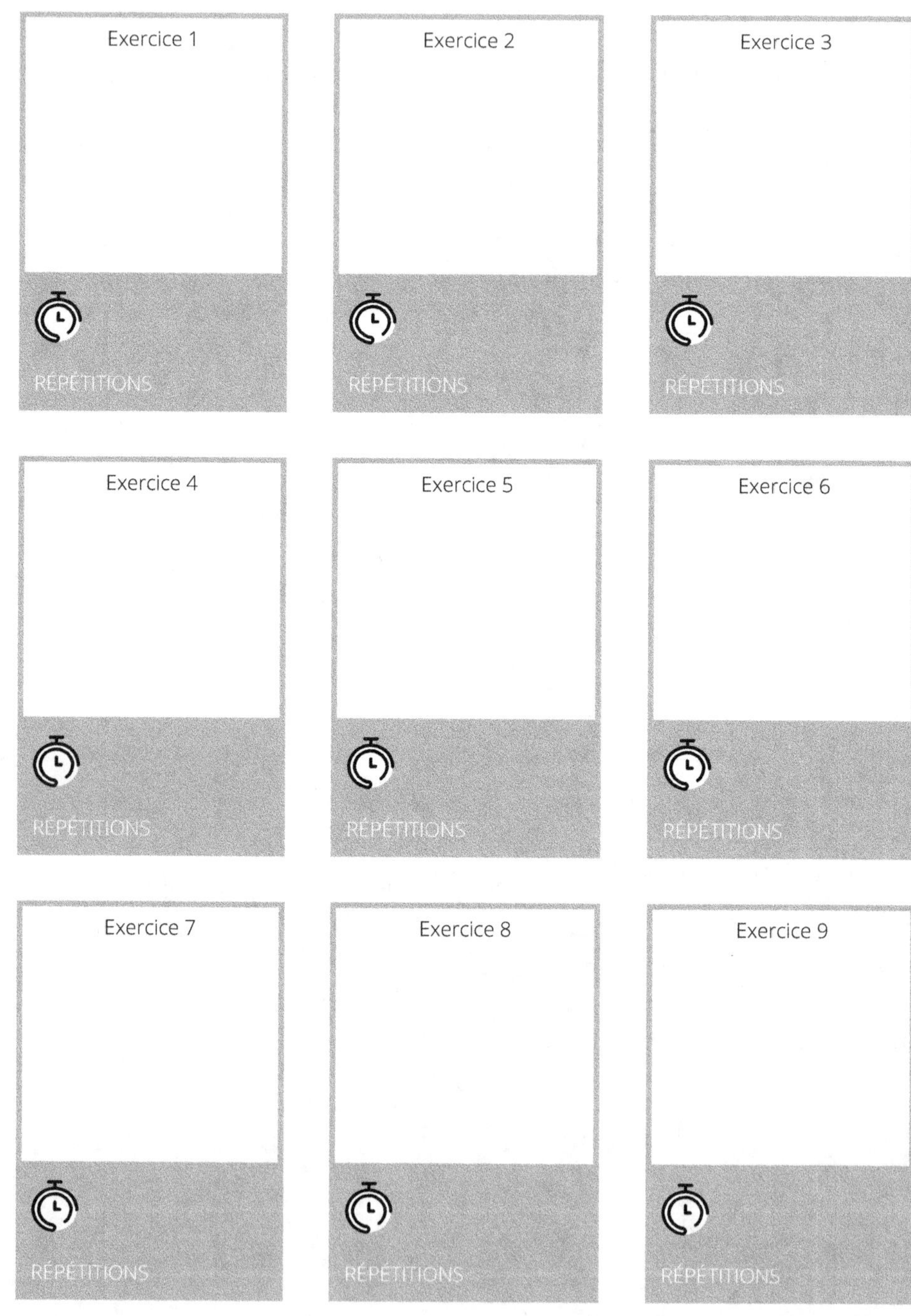

SEMAINE 1 - JOUR 3

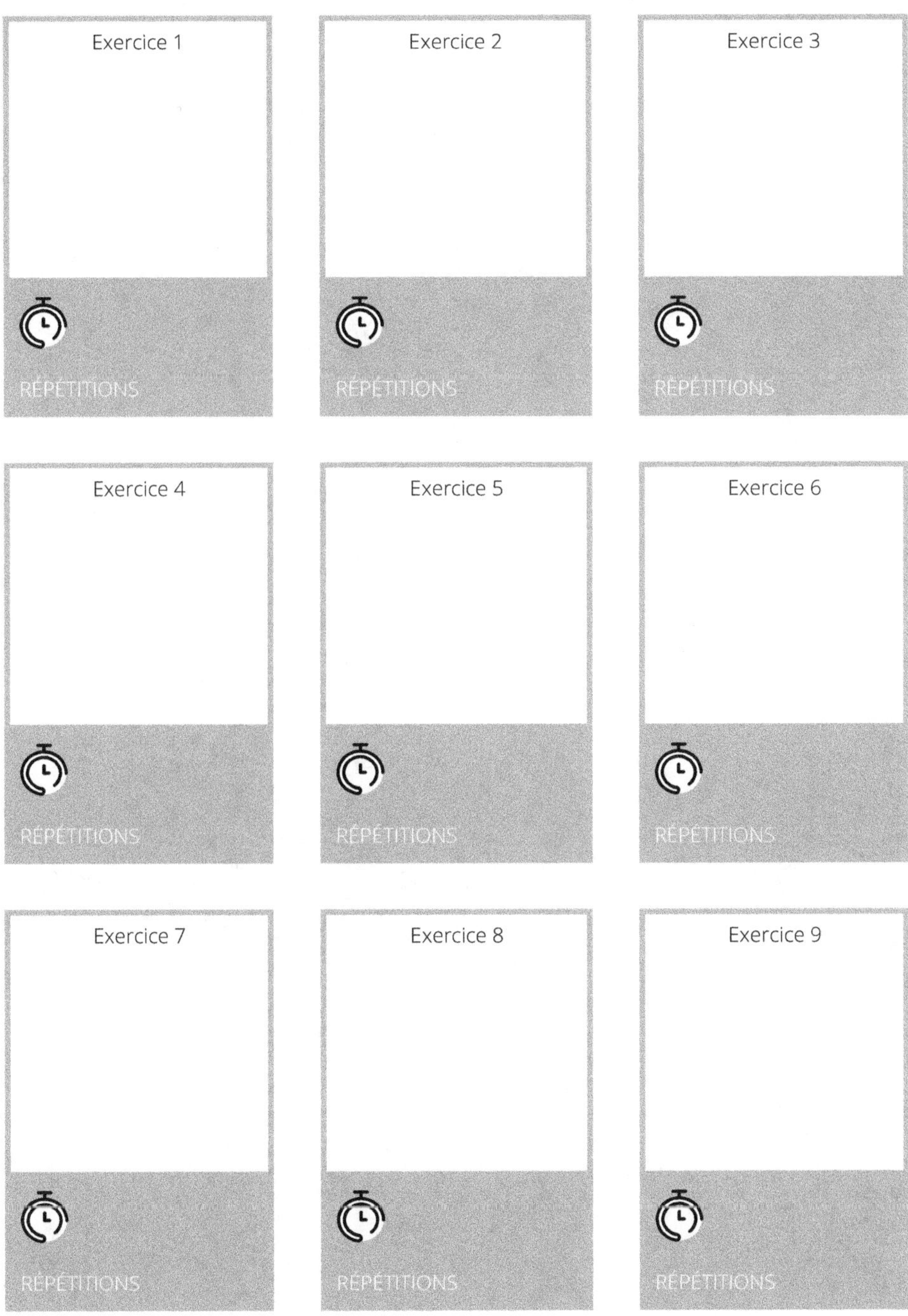

SEMAINE 1 - JOUR 4

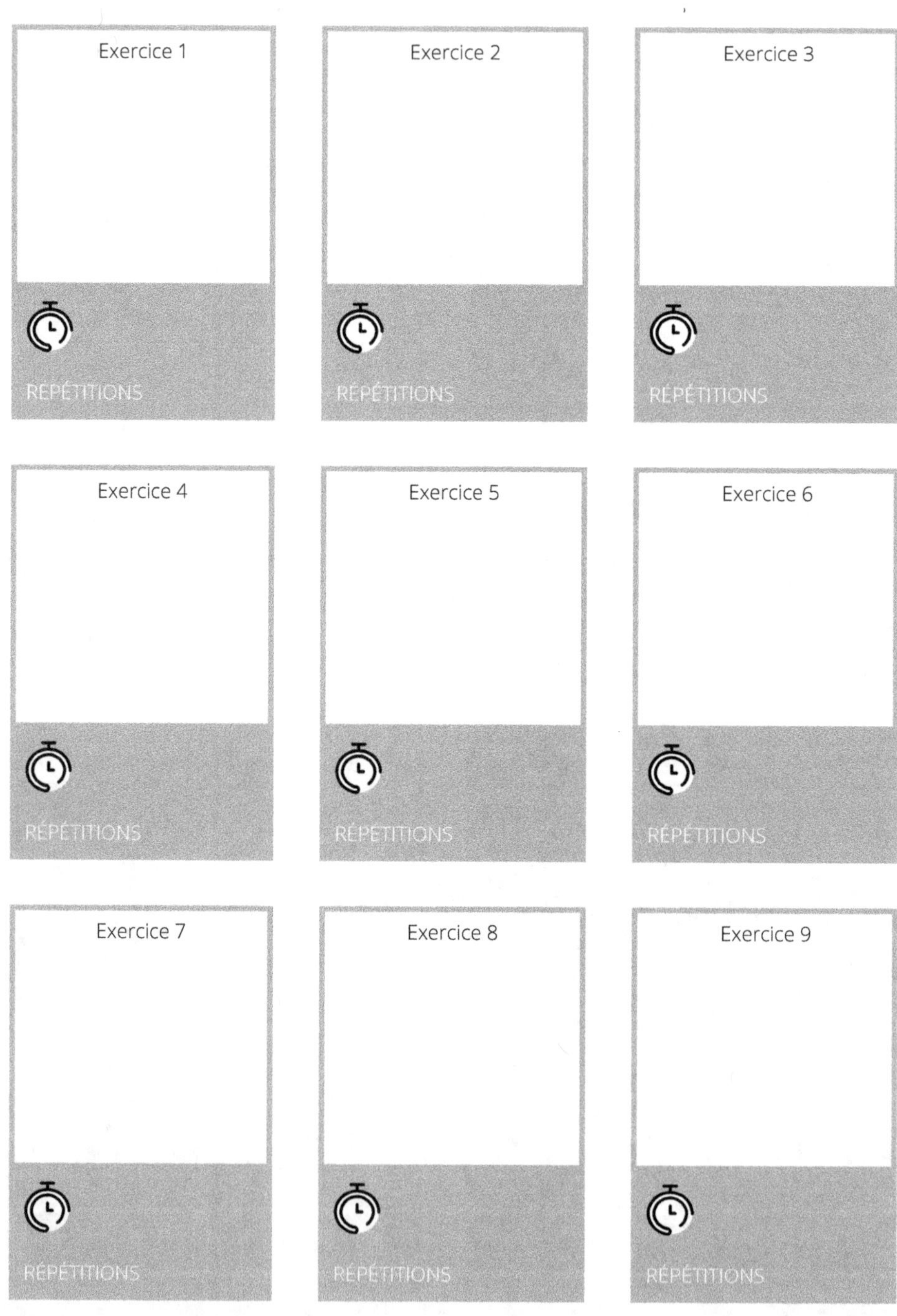

SEMAINE 1 - JOUR 5

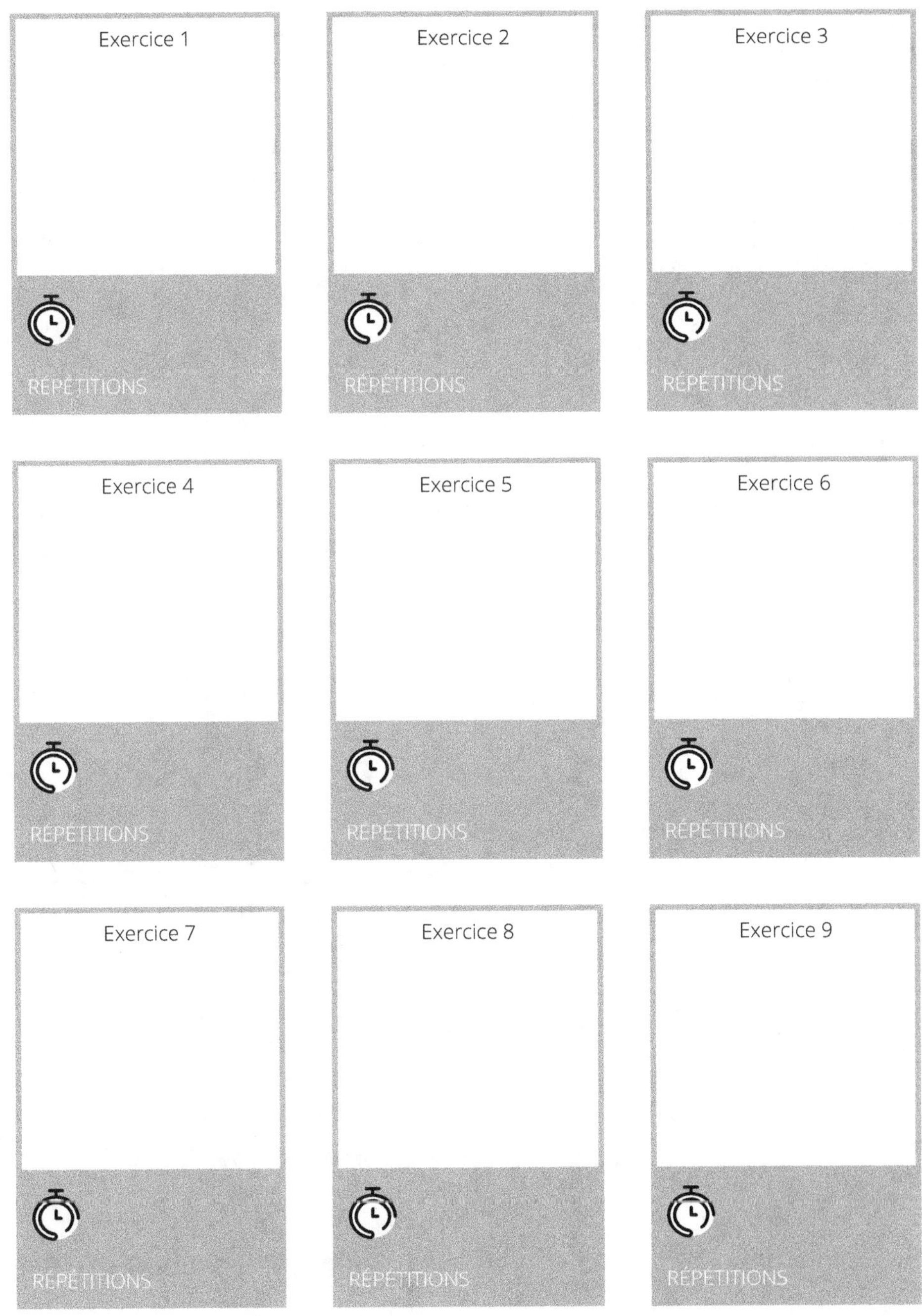

SEMAINE 1 - JOUR 6

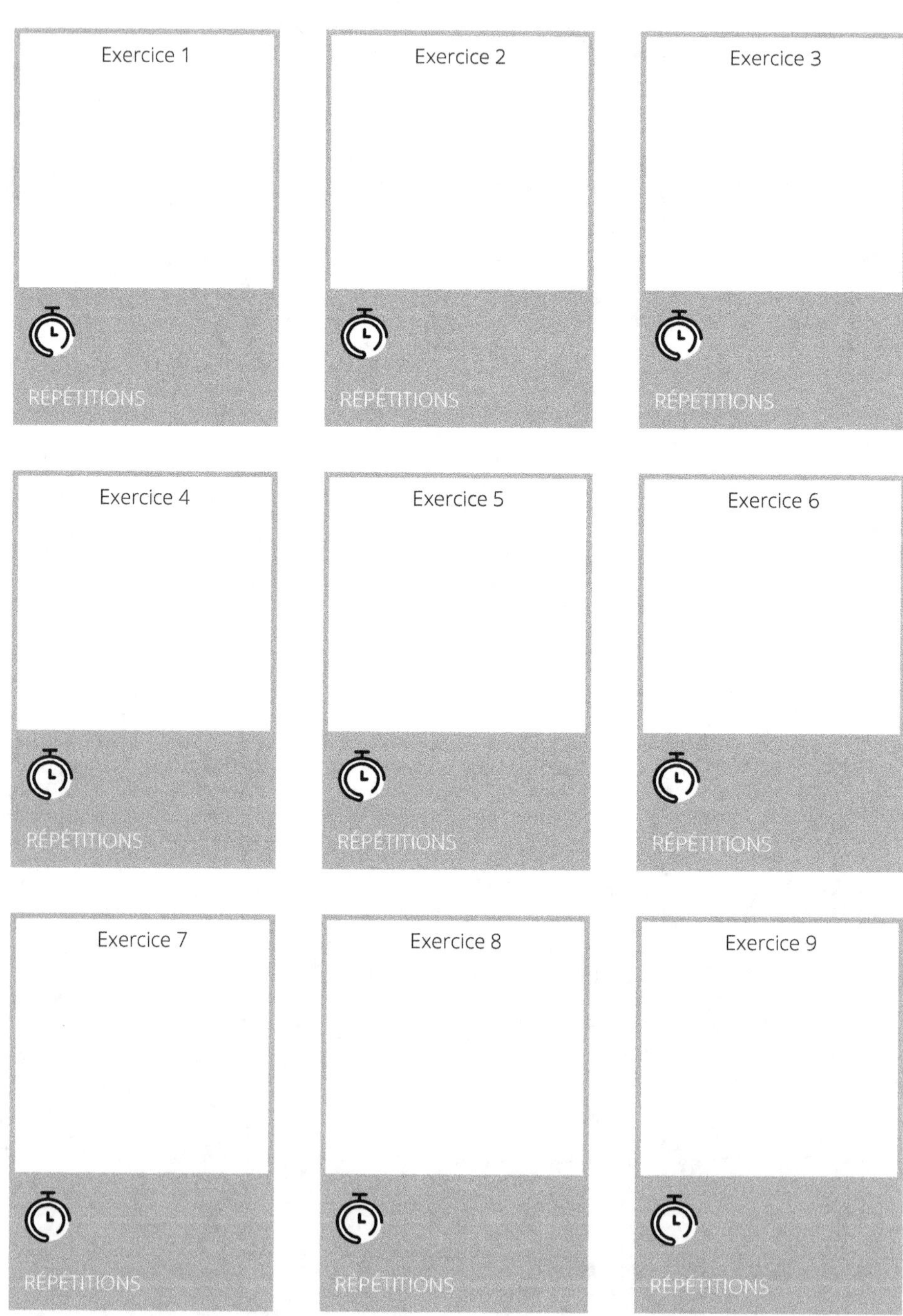

SEMAINE 1 - JOUR 7

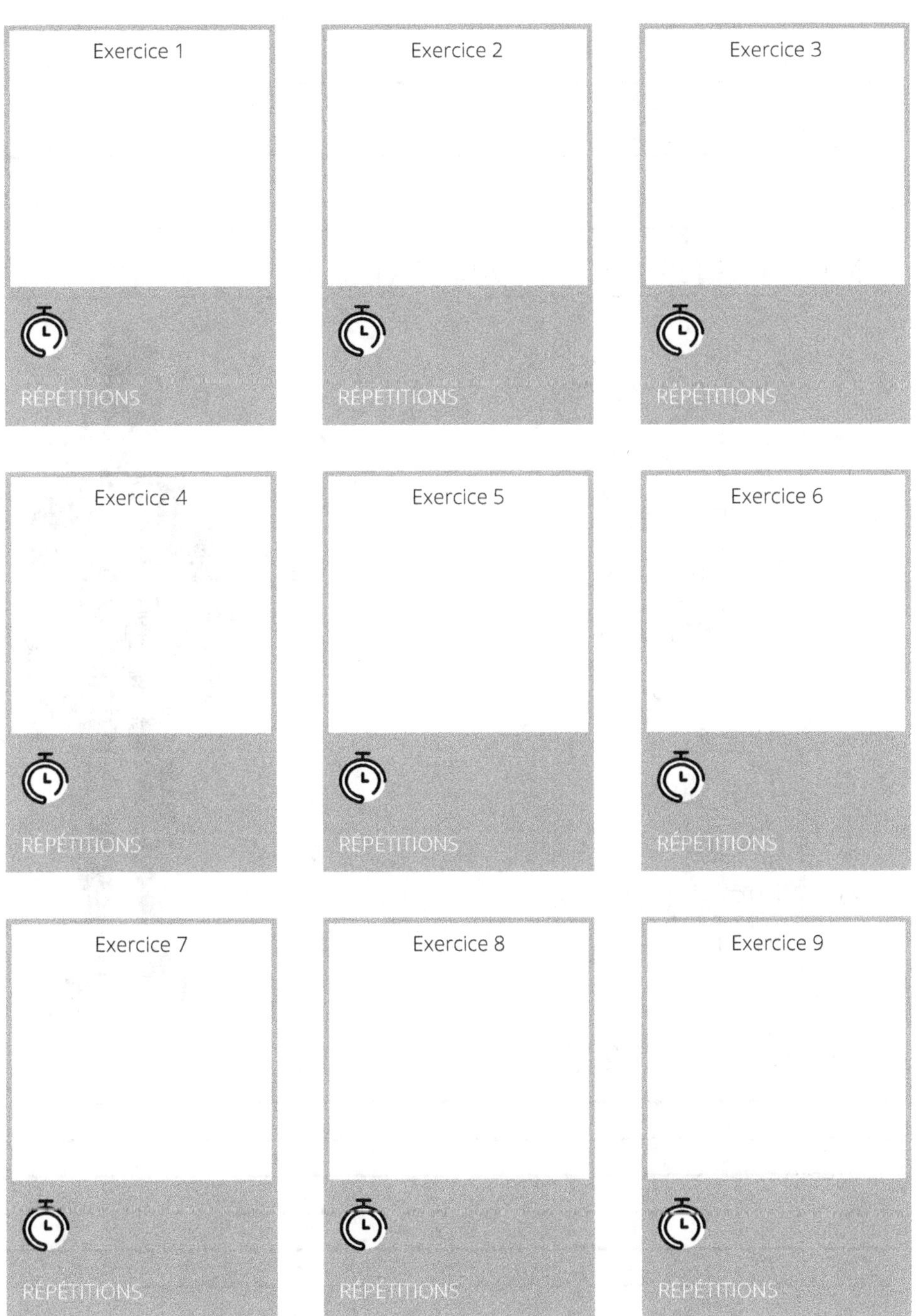

BILAN SEMAINE 1

ÂGE :

TAILLE :

POIDS :

⏱ DURÉE DE SPORT PAR SEMAINE :

MENSURATIONS

1 - ÉPAULES
2 - BICEPS
3 - AVANT BRAS
4 - POITRINE
5 - SOUS POITRINE
6 - TAILLE
7 - HANCHES
8 - FESSES
9 - CUISSES
10 - MOLLETS

MON RESSENTI GLOBAL

SEMAINE 2

LUNDI
MARDI
MERCREDI
JEUDI
VENDREDI
SAMEDI
DIMANCHE

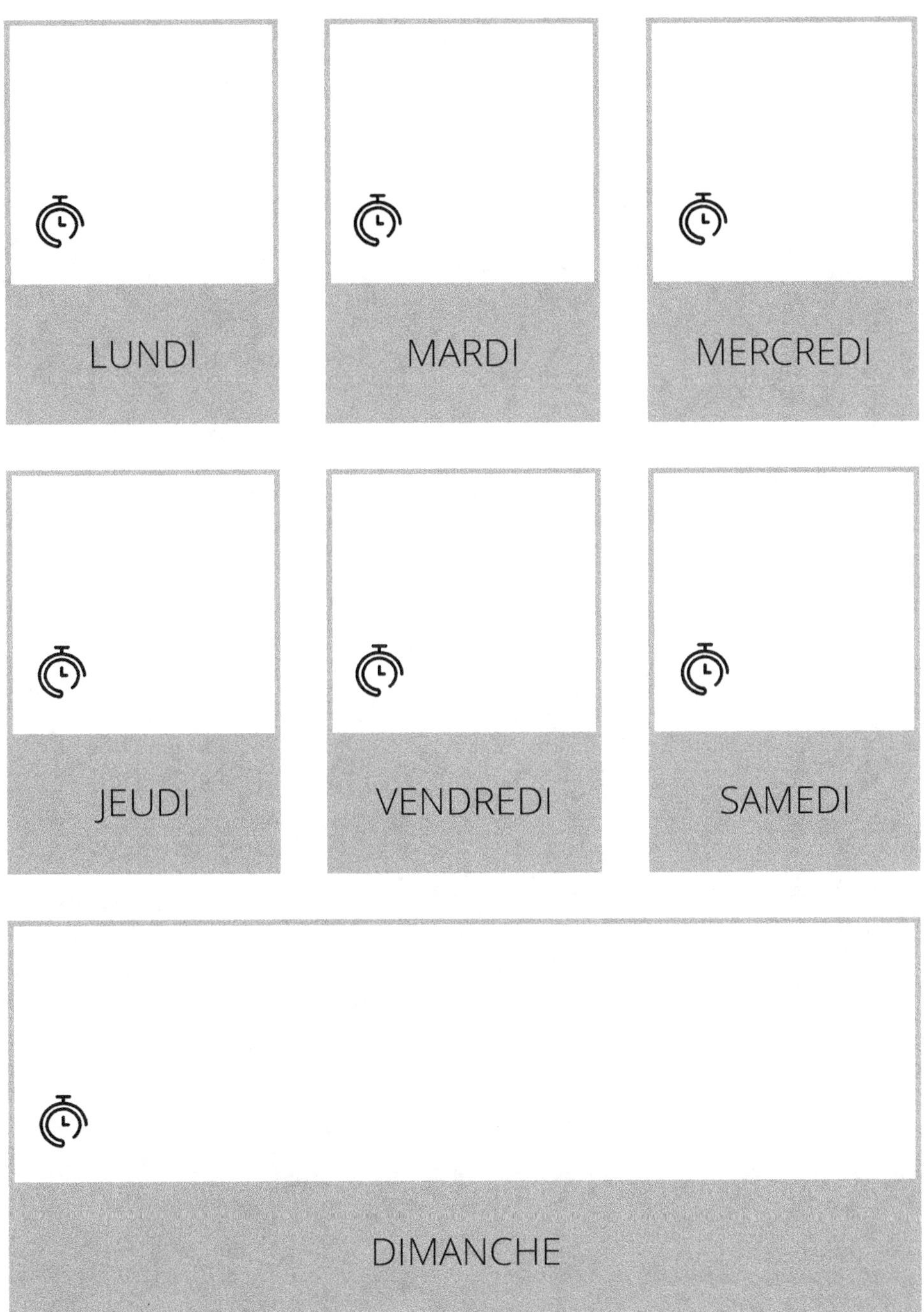

SEMAINE 2 - JOUR 1

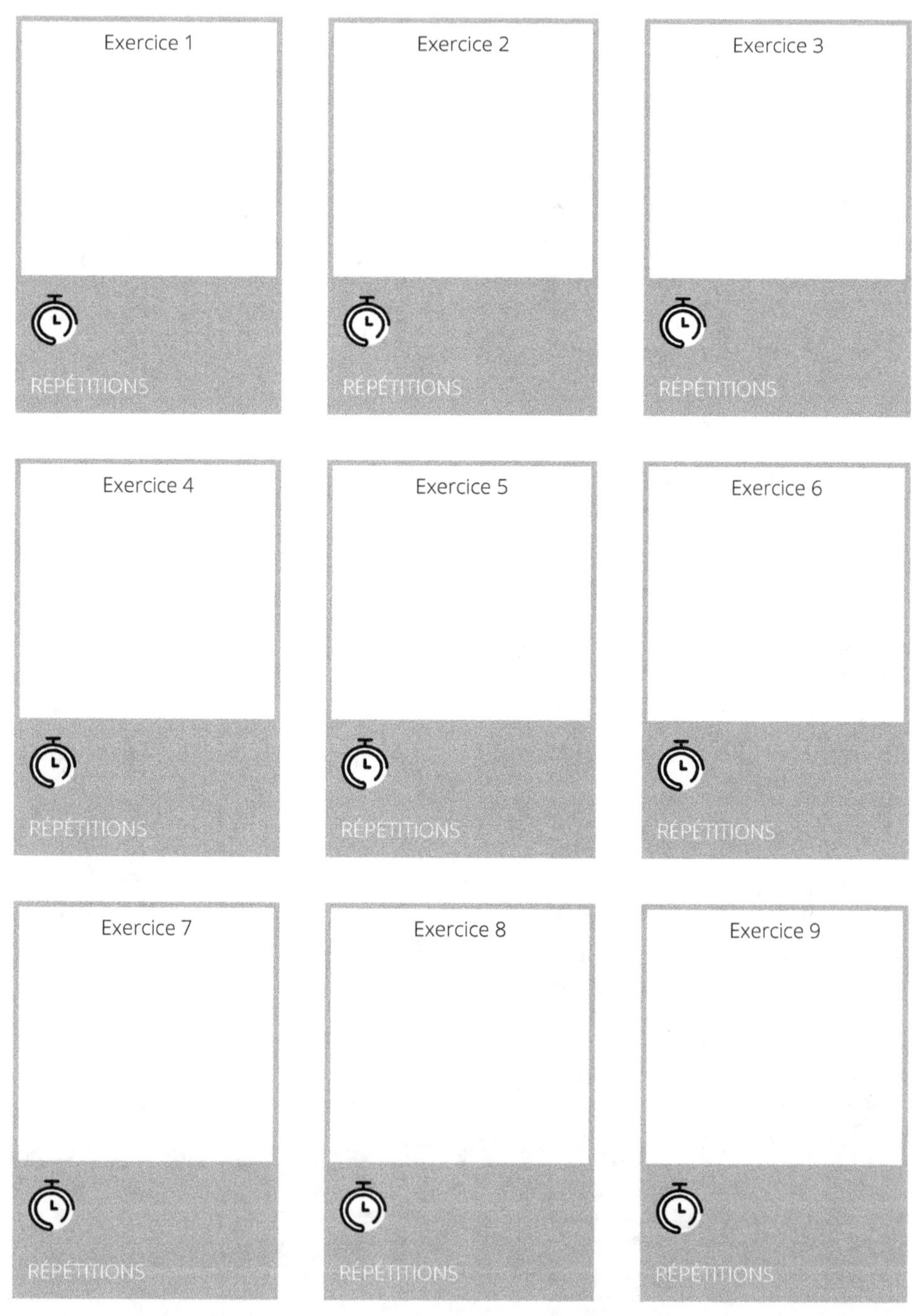

SEMAINE 2 - JOUR 2

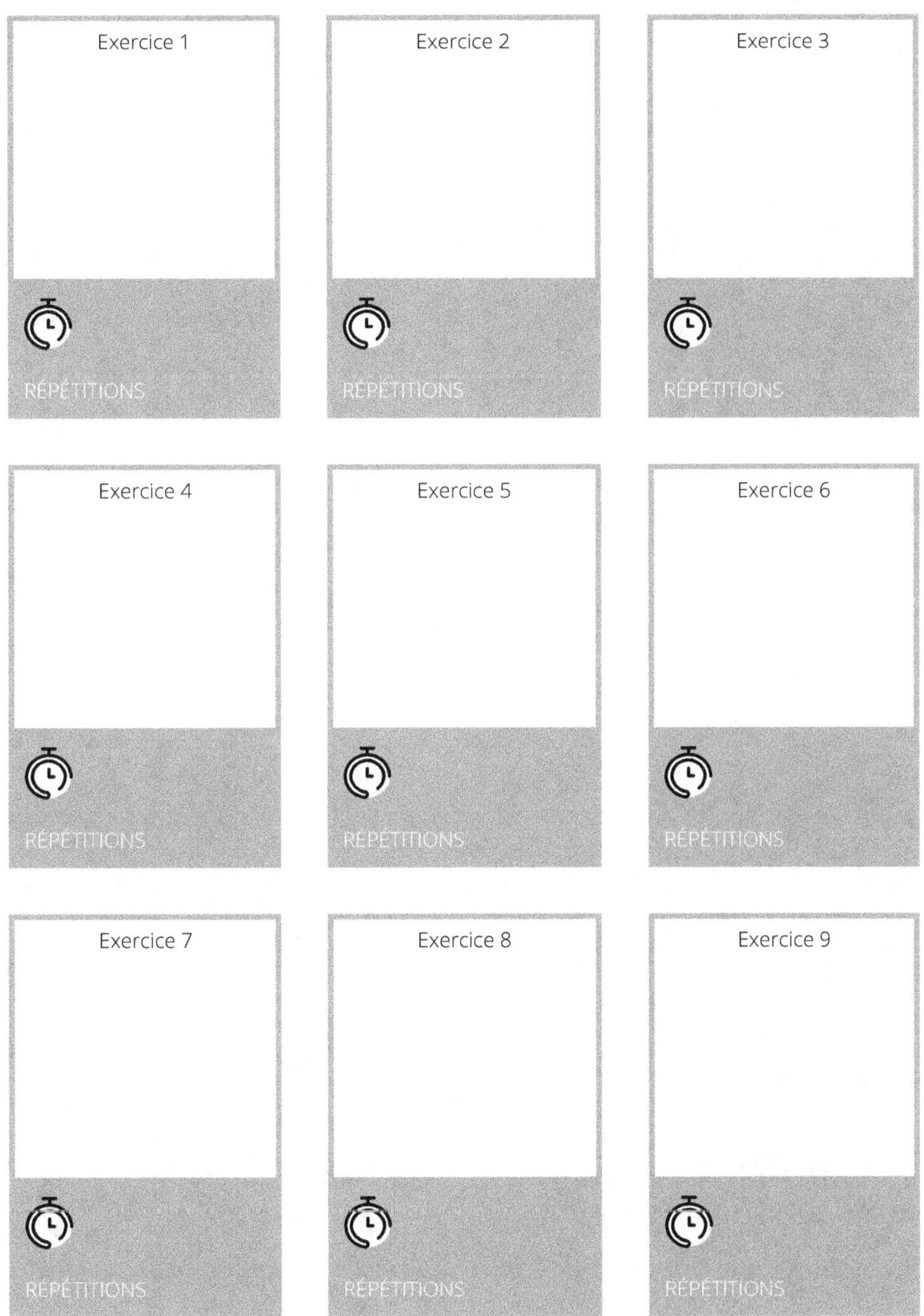

SEMAINE 2 - JOUR 3

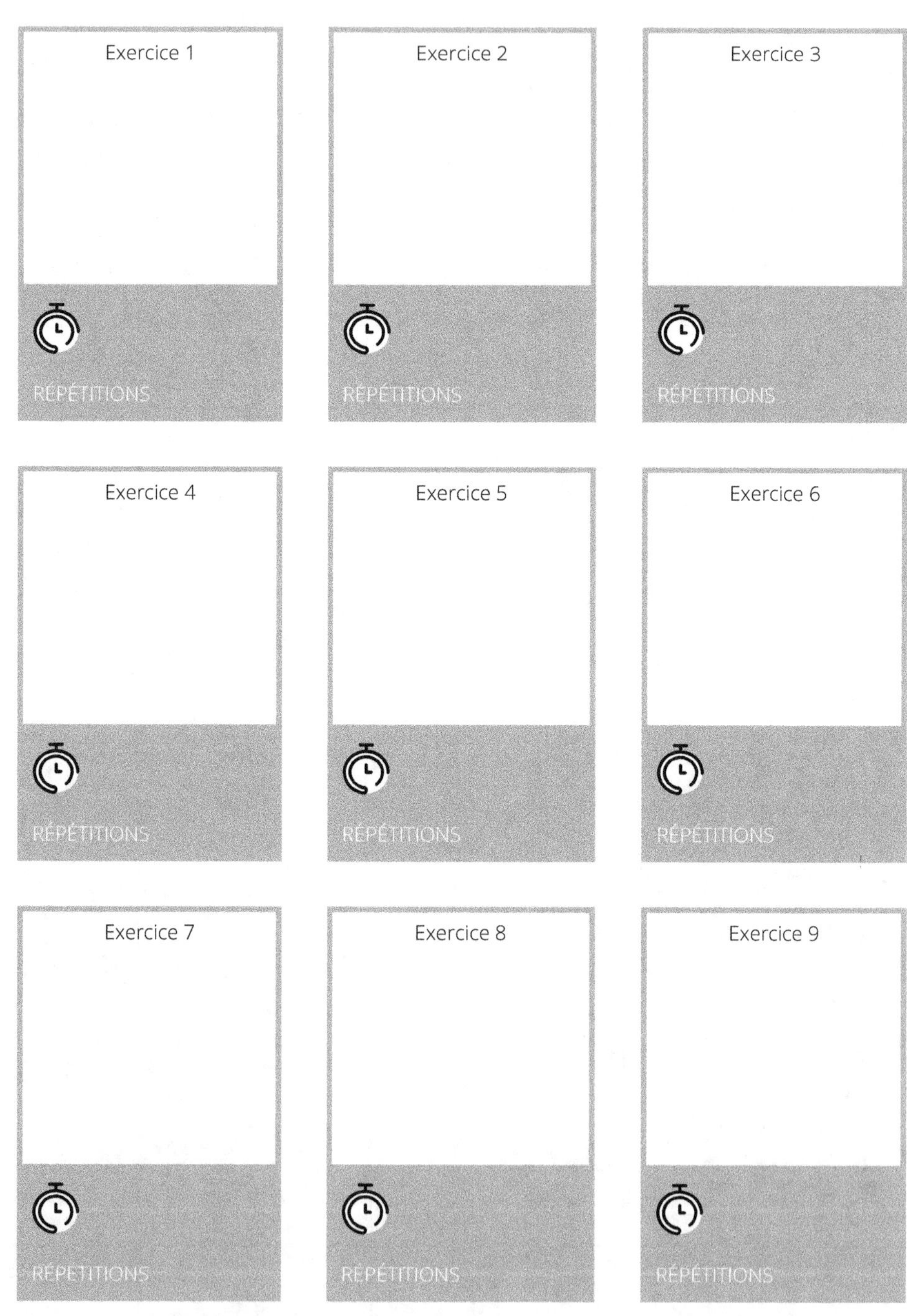

SEMAINE 2 - JOUR 4

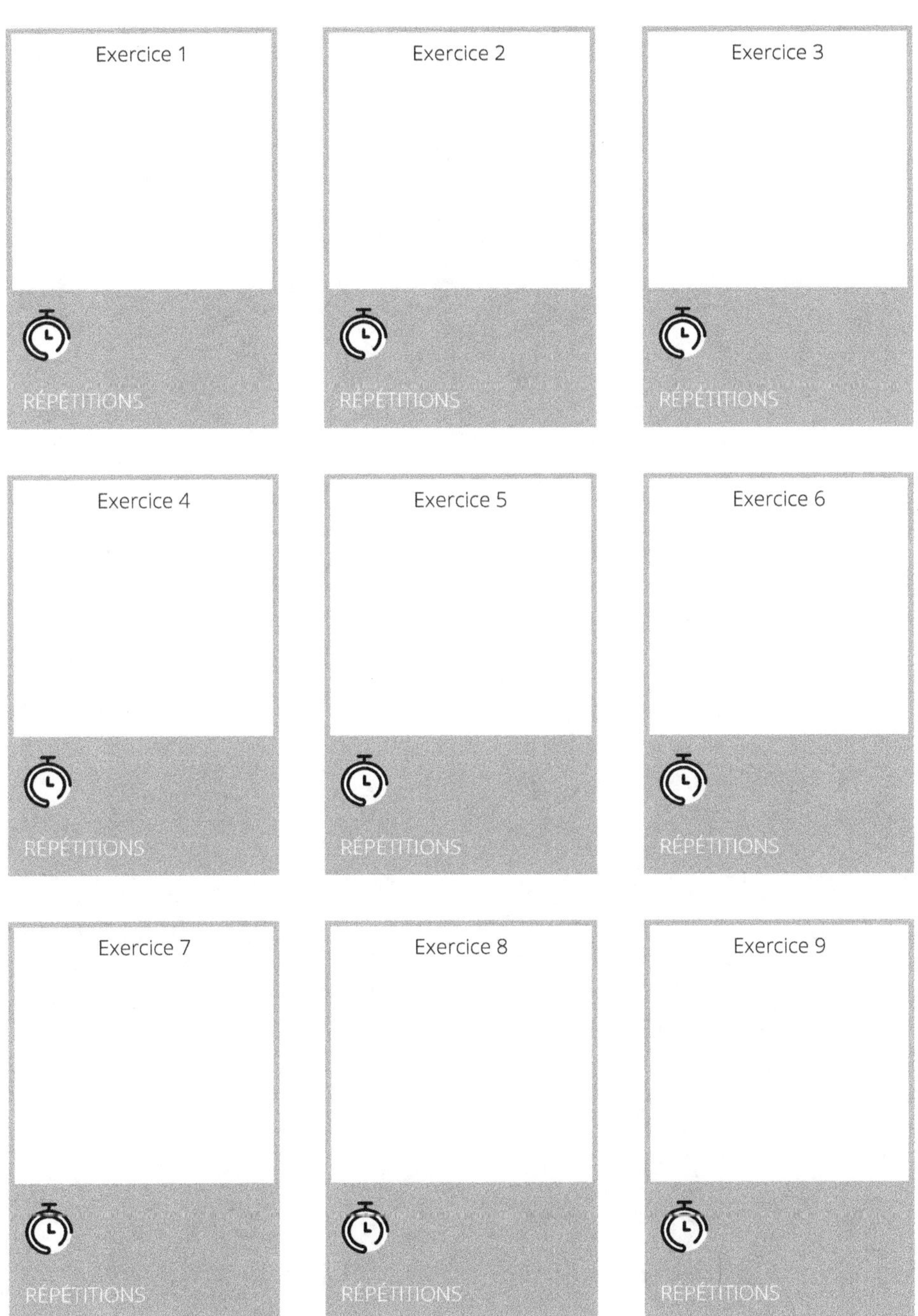

SEMAINE 2 - JOUR 5

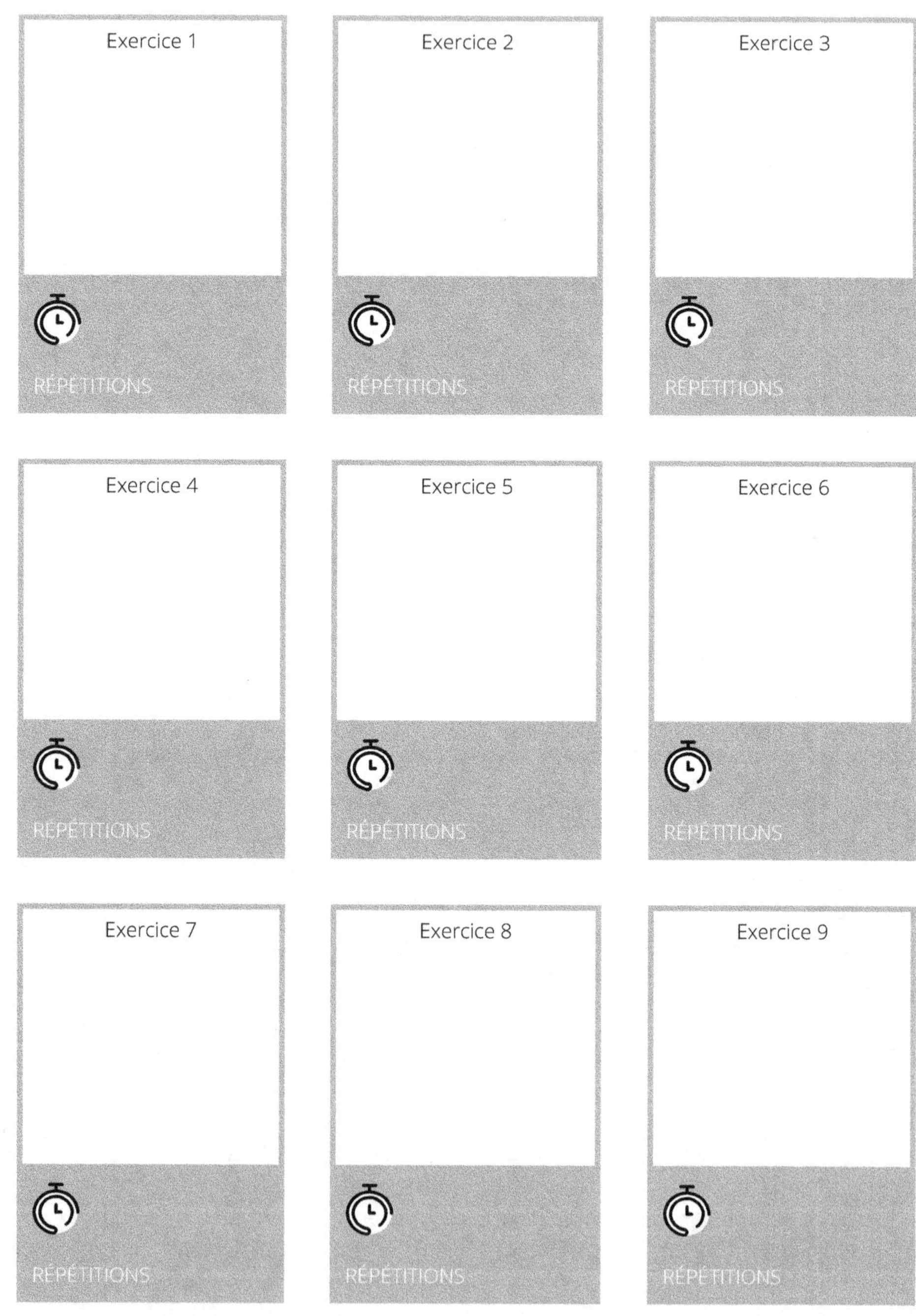

SEMAINE 2 - JOUR 6

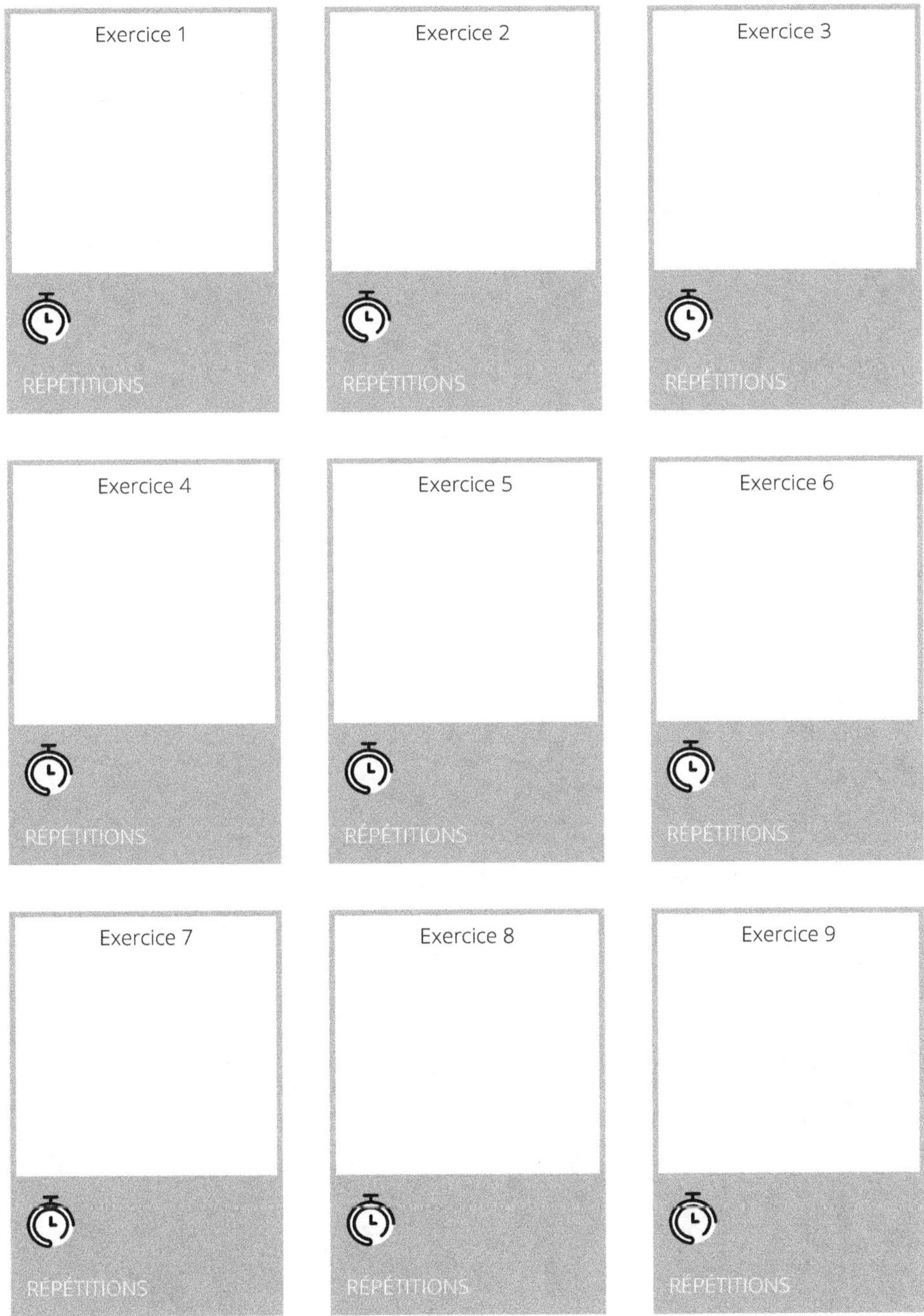

SEMAINE 2 - JOUR 7

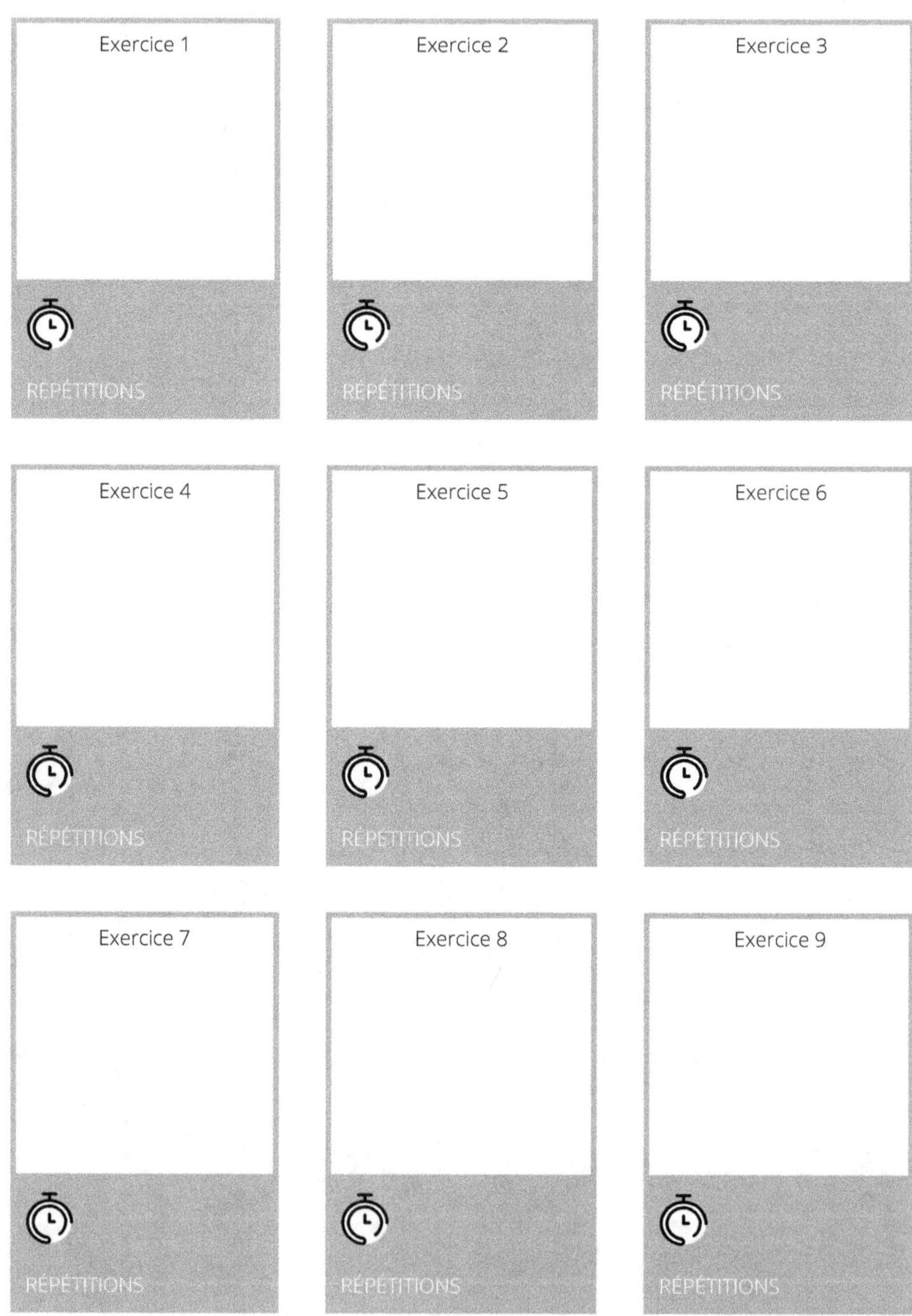

BILAN SEMAINE 2

ÂGE : ___________________________________

TAILLE : _________________________________

POIDS : _________________________________

🕐 DURÉE DE SPORT PAR SEMAINE : _________

MENSURATIONS

1 - ÉPAULES
2 - BICEPS
3 - AVANT BRAS
4 - POITRINE
5 - SOUS POITRINE
6 - TAILLE
7 - HANCHES
8 - FESSES
9 - CUISSES
10 - MOLLETS

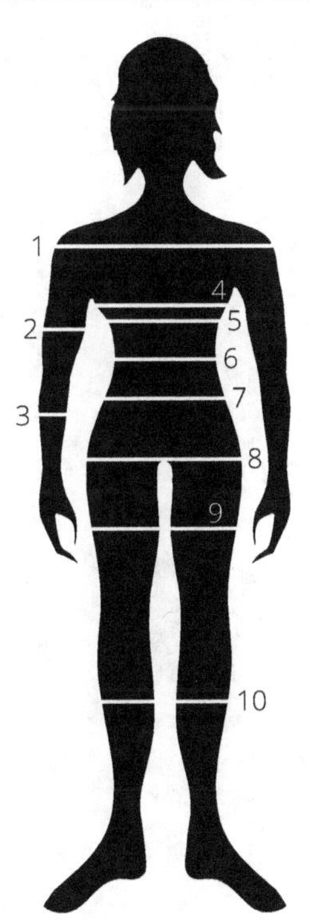

MON RESSENTI GLOBAL

____
____
____
____
____
____

SEMAINE 3

LUNDI
MARDI
MERCREDI
JEUDI
VENDREDI
SAMEDI
DIMANCHE

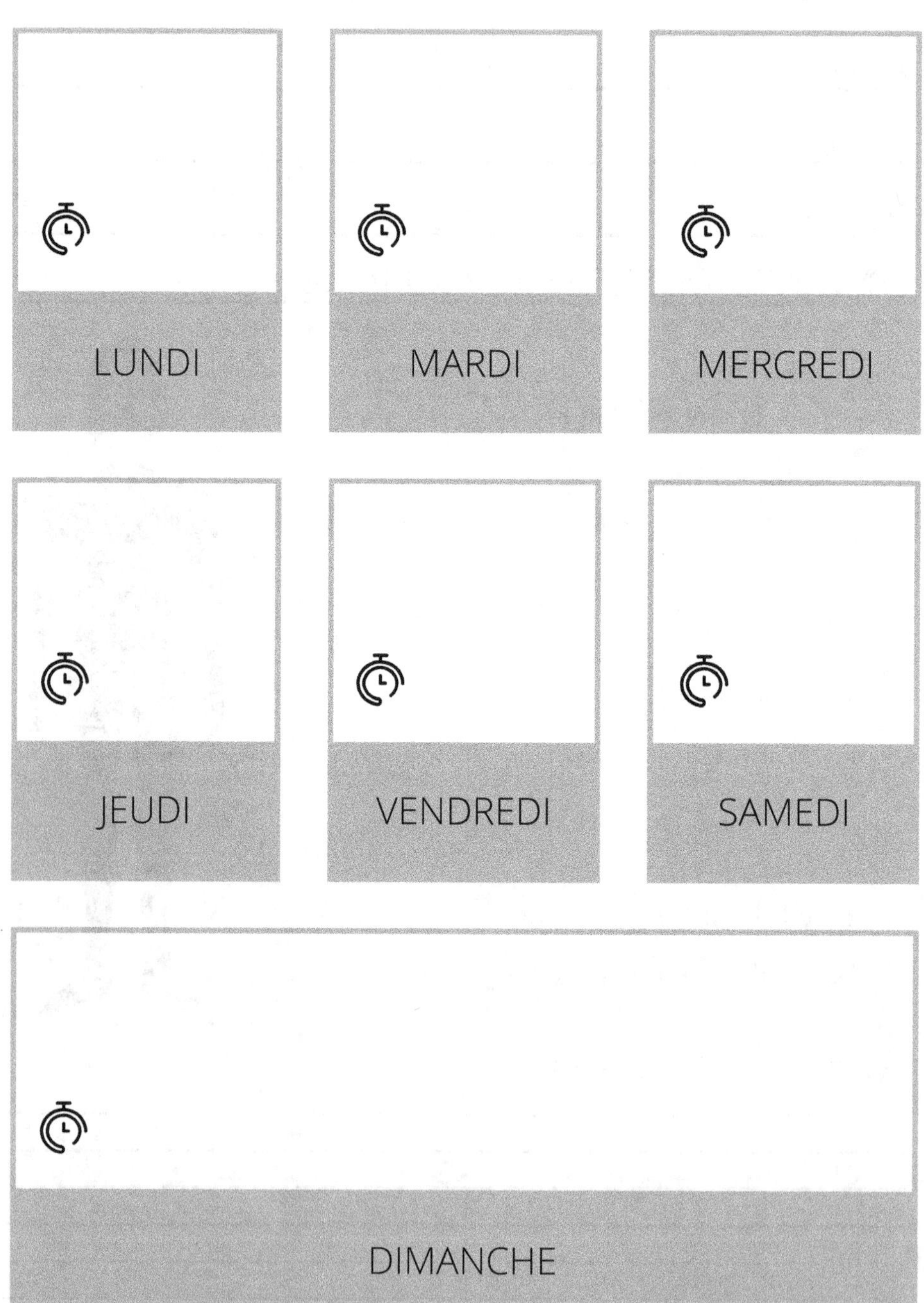

SEMAINE 3 - JOUR 1

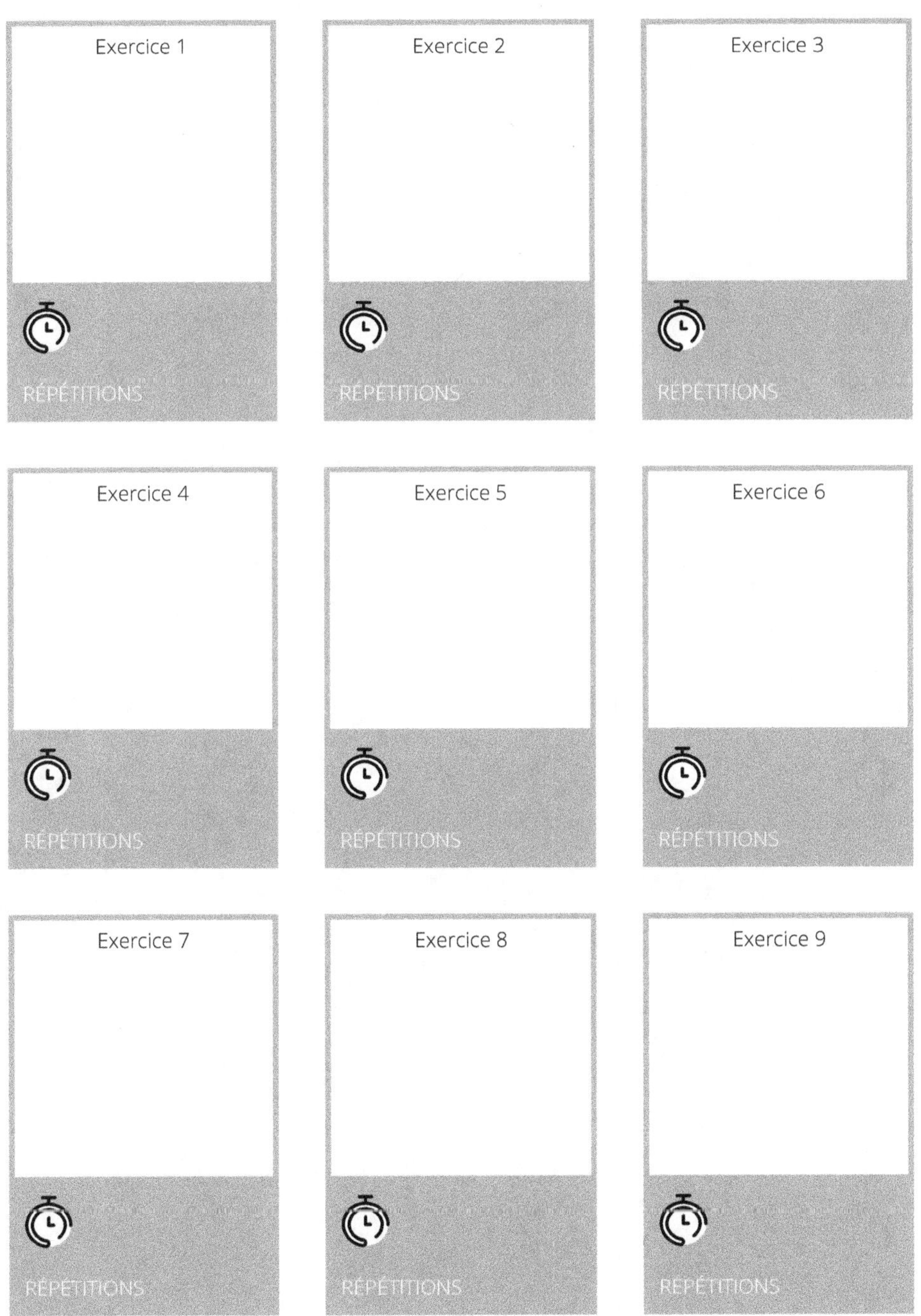

SEMAINE 3 - JOUR 2

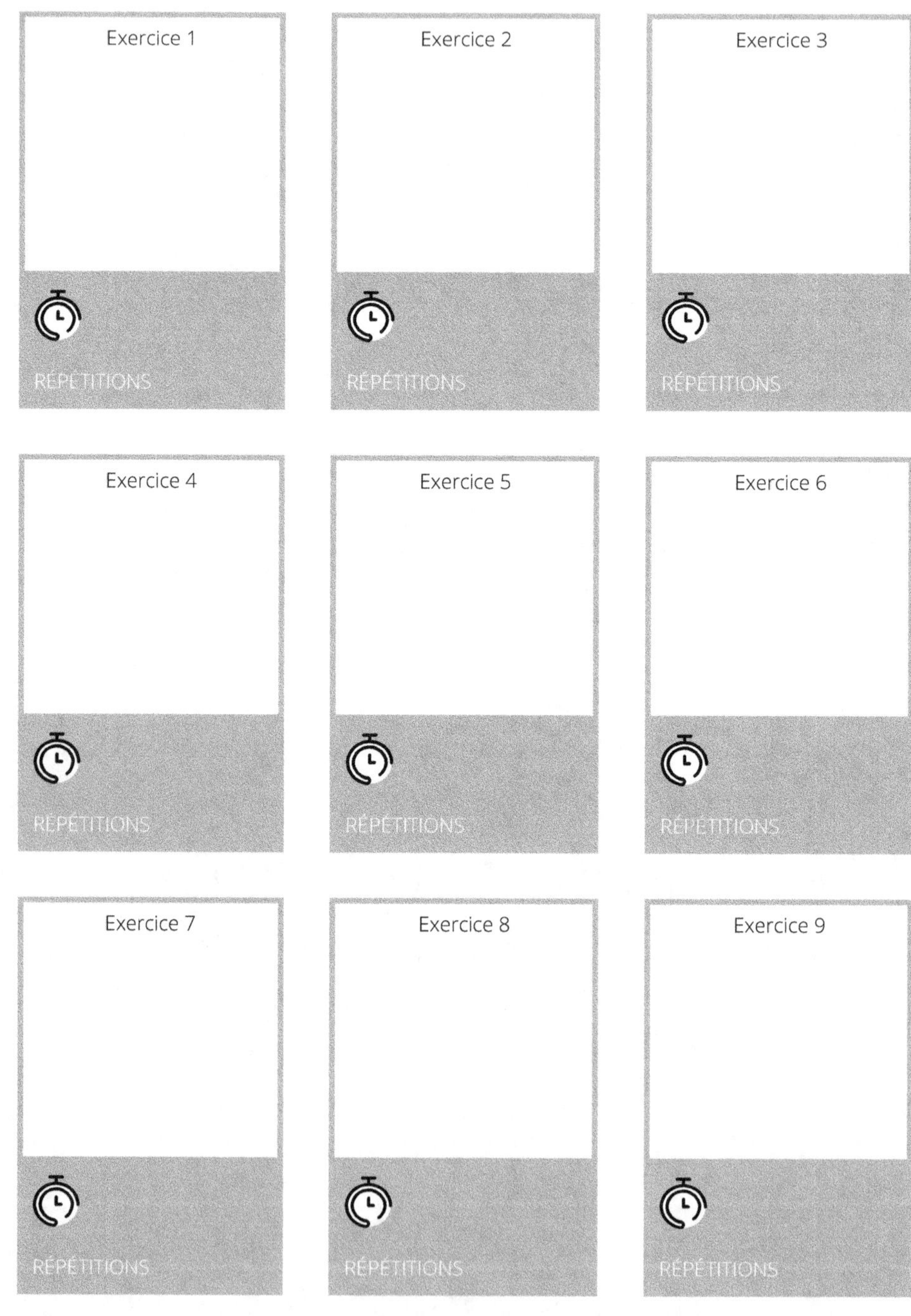

SEMAINE 3 - JOUR 3

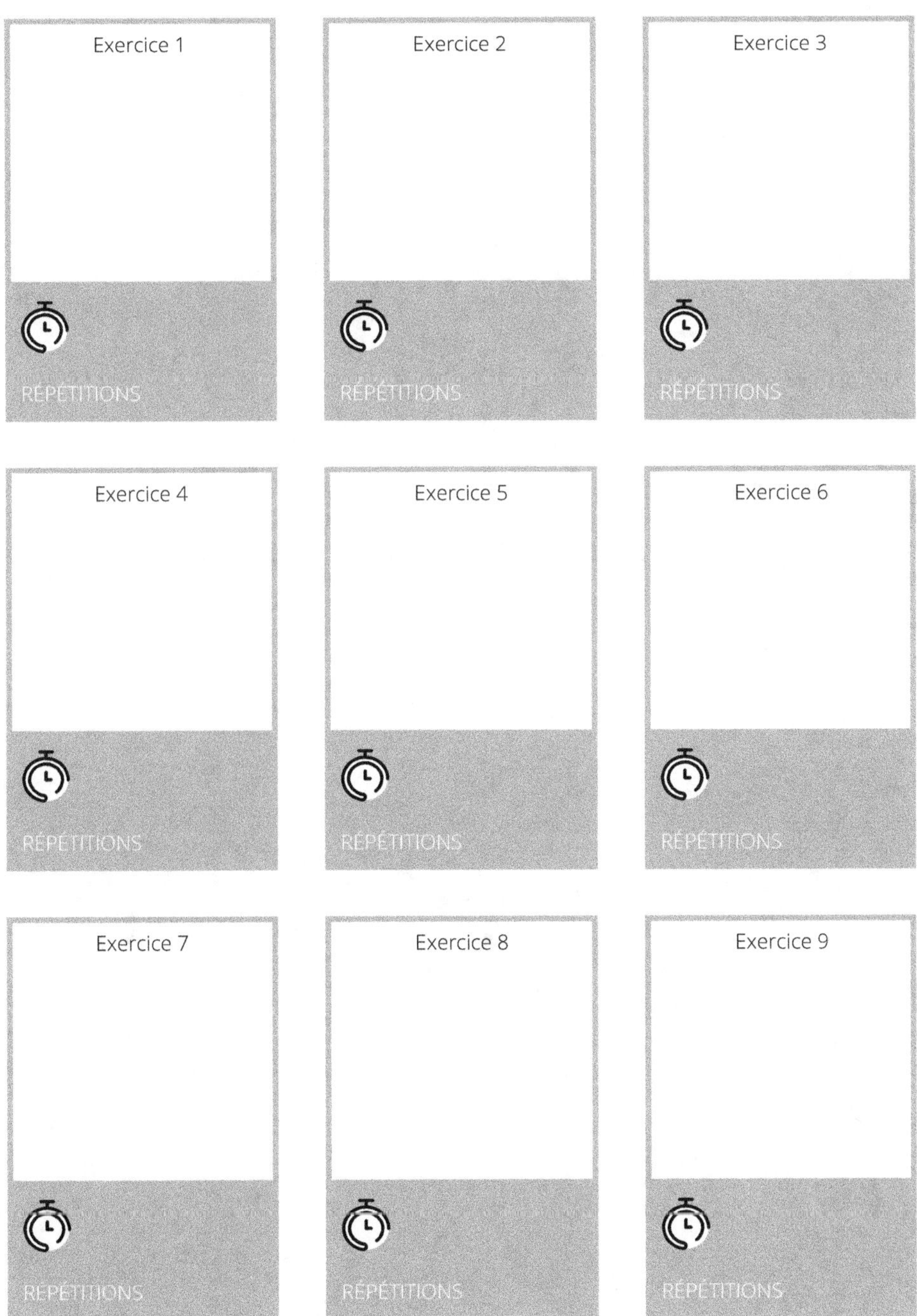

SEMAINE 3 - JOUR 4

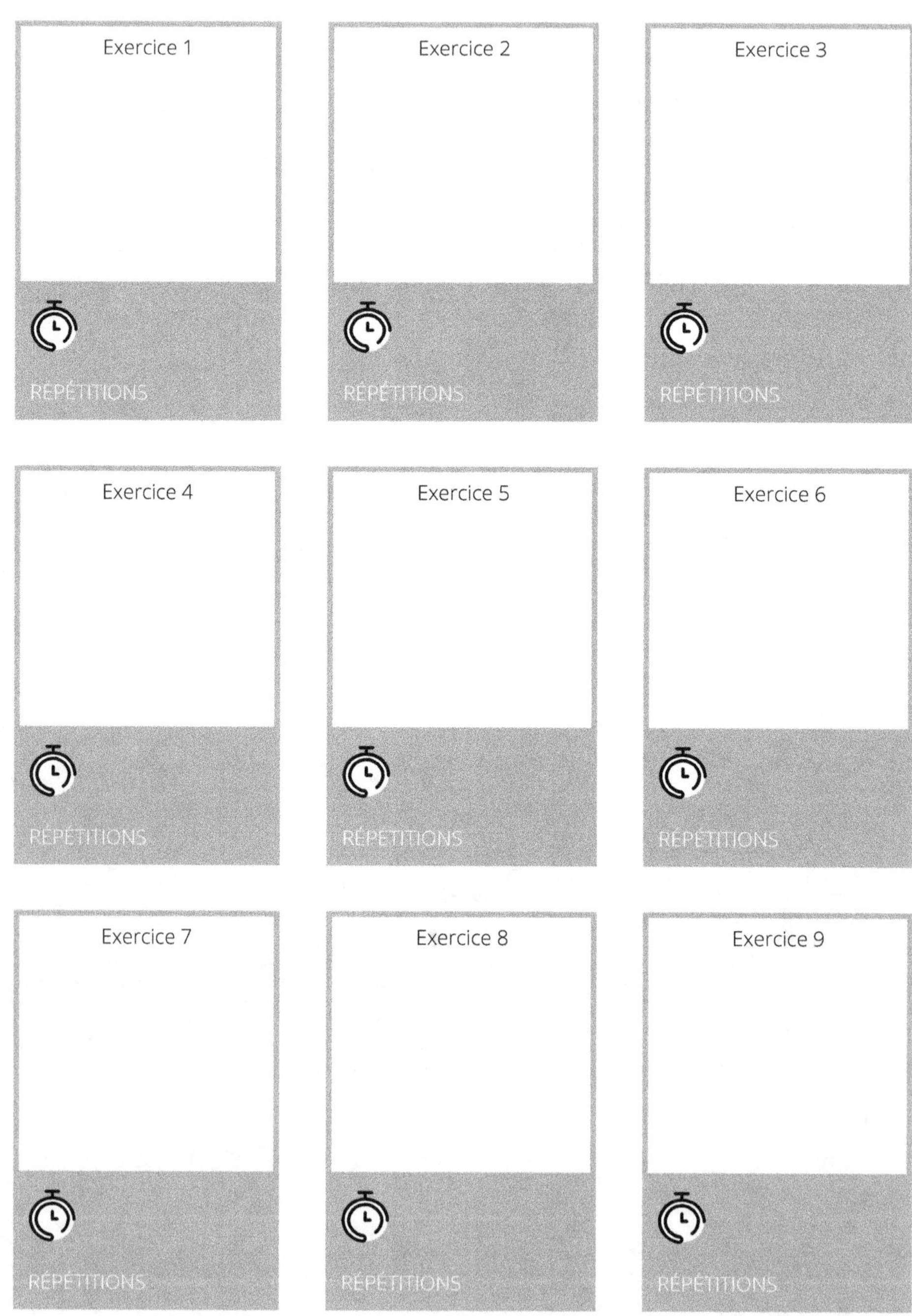

SEMAINE 3 - JOUR 5

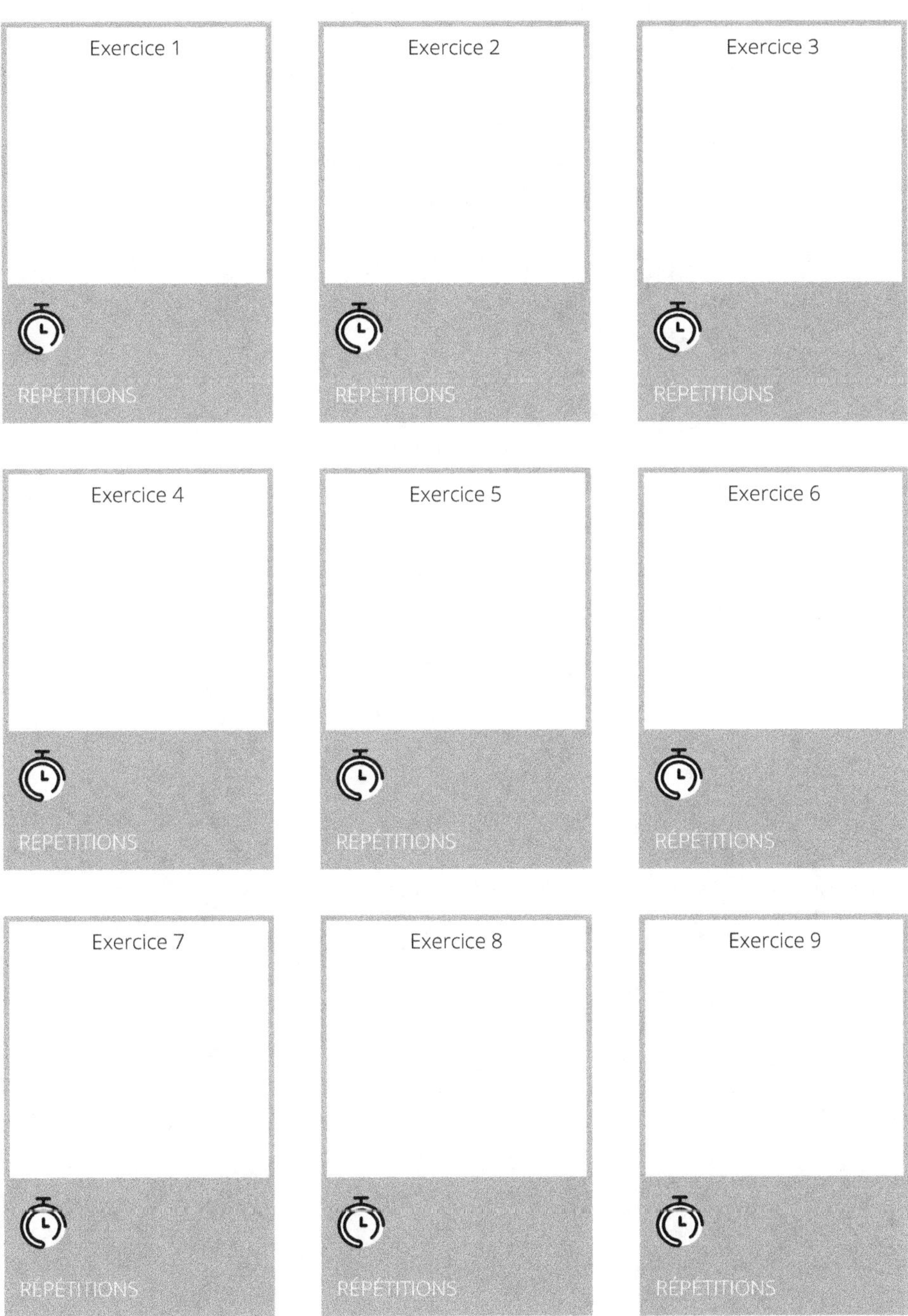

SEMAINE 3 - JOUR 6

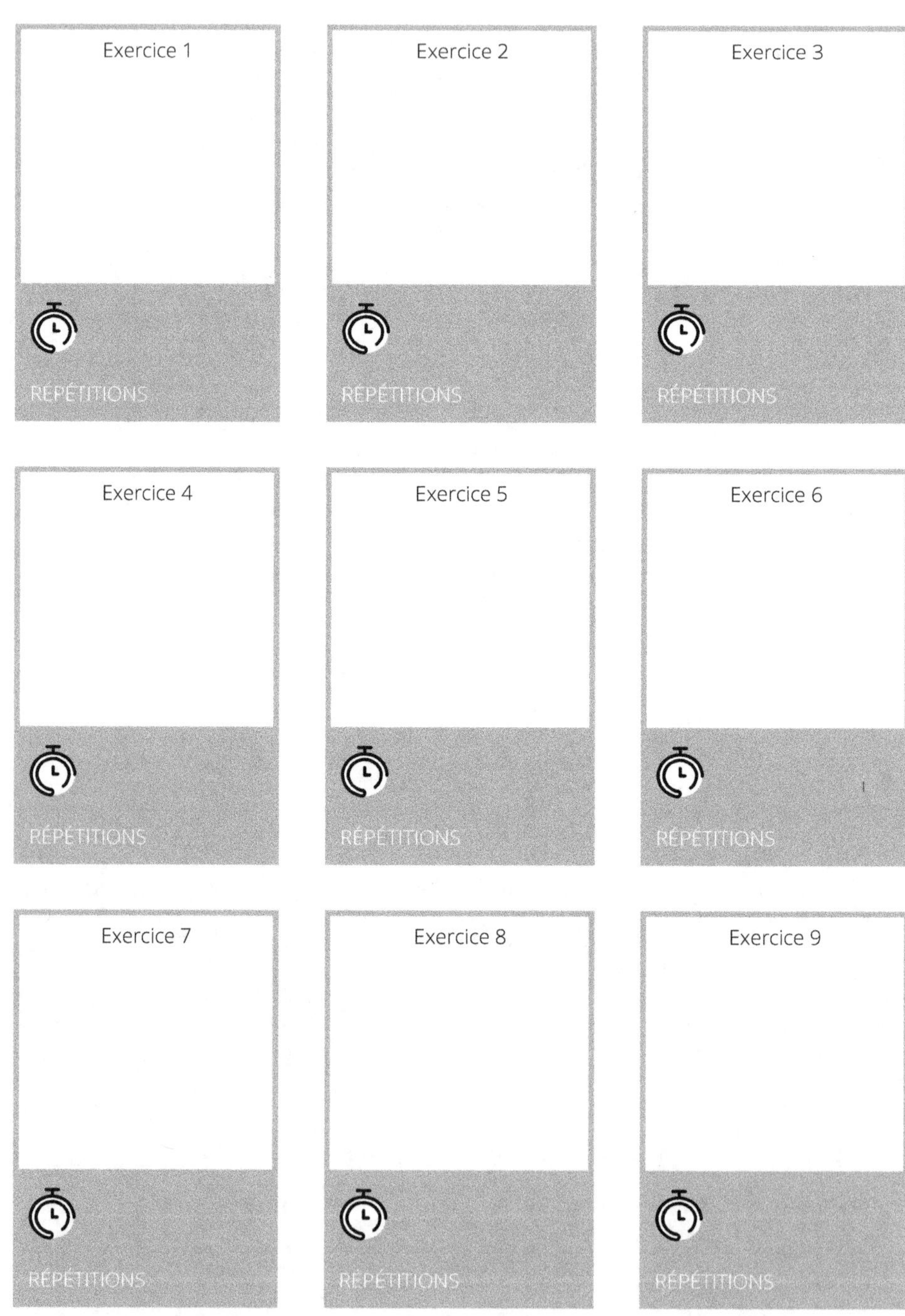

SEMAINE 3 - JOUR 7

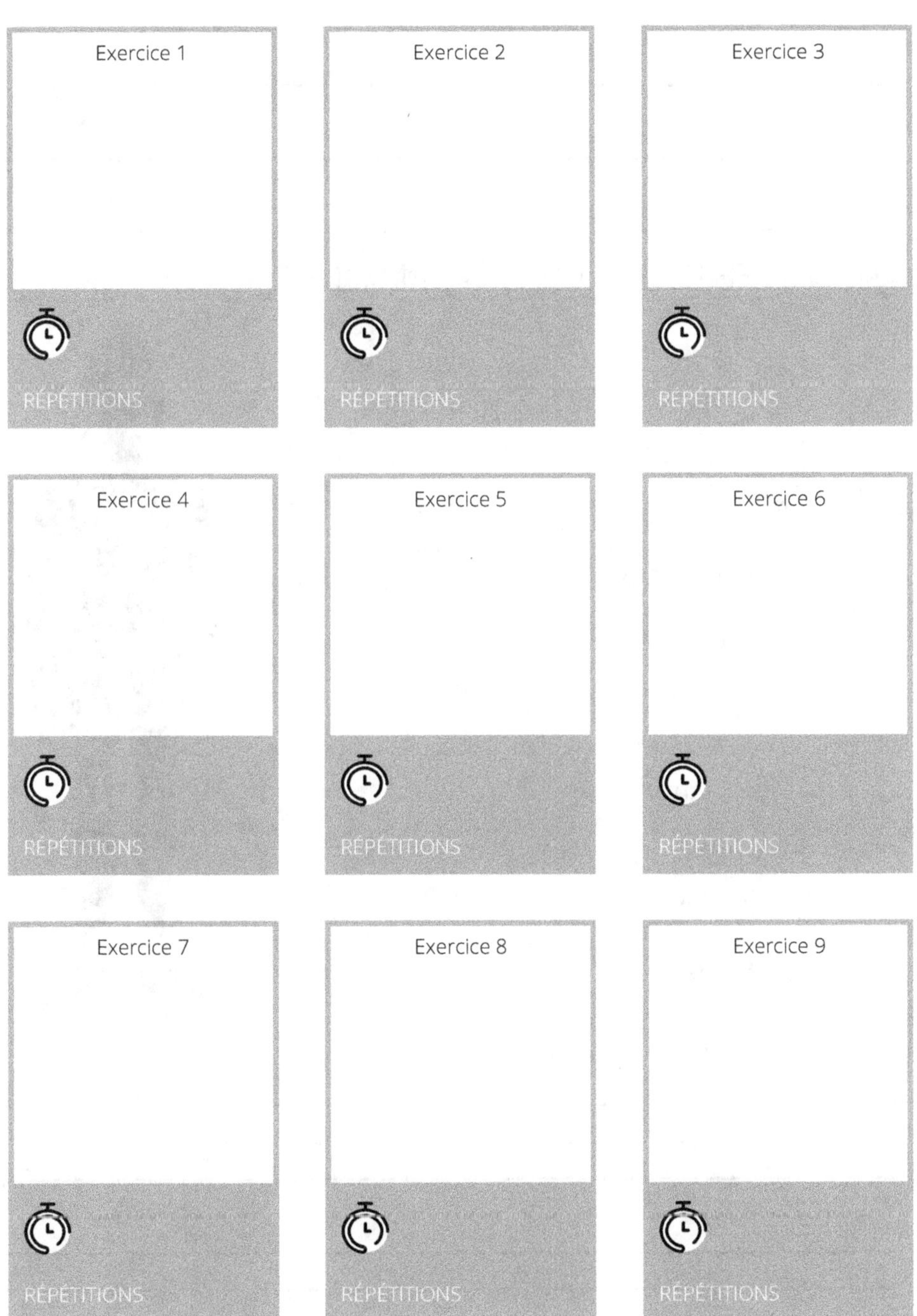

BILAN SEMAINE 3

ÂGE :

TAILLE :

POIDS :

⏱ DURÉE DE SPORT PAR SEMAINE :

MENSURATIONS

1 - ÉPAULES
2 - BICEPS
3 - AVANT BRAS
4 - POITRINE
5 - SOUS POITRINE
6 - TAILLE
7 - HANCHES
8 - FESSES
9 - CUISSES
10 - MOLLETS

MON RESSENTI GLOBAL

SEMAINE 4

LUNDI
MARDI
MERCREDI
JEUDI
VENDREDI
SAMEDI
DIMANCHE

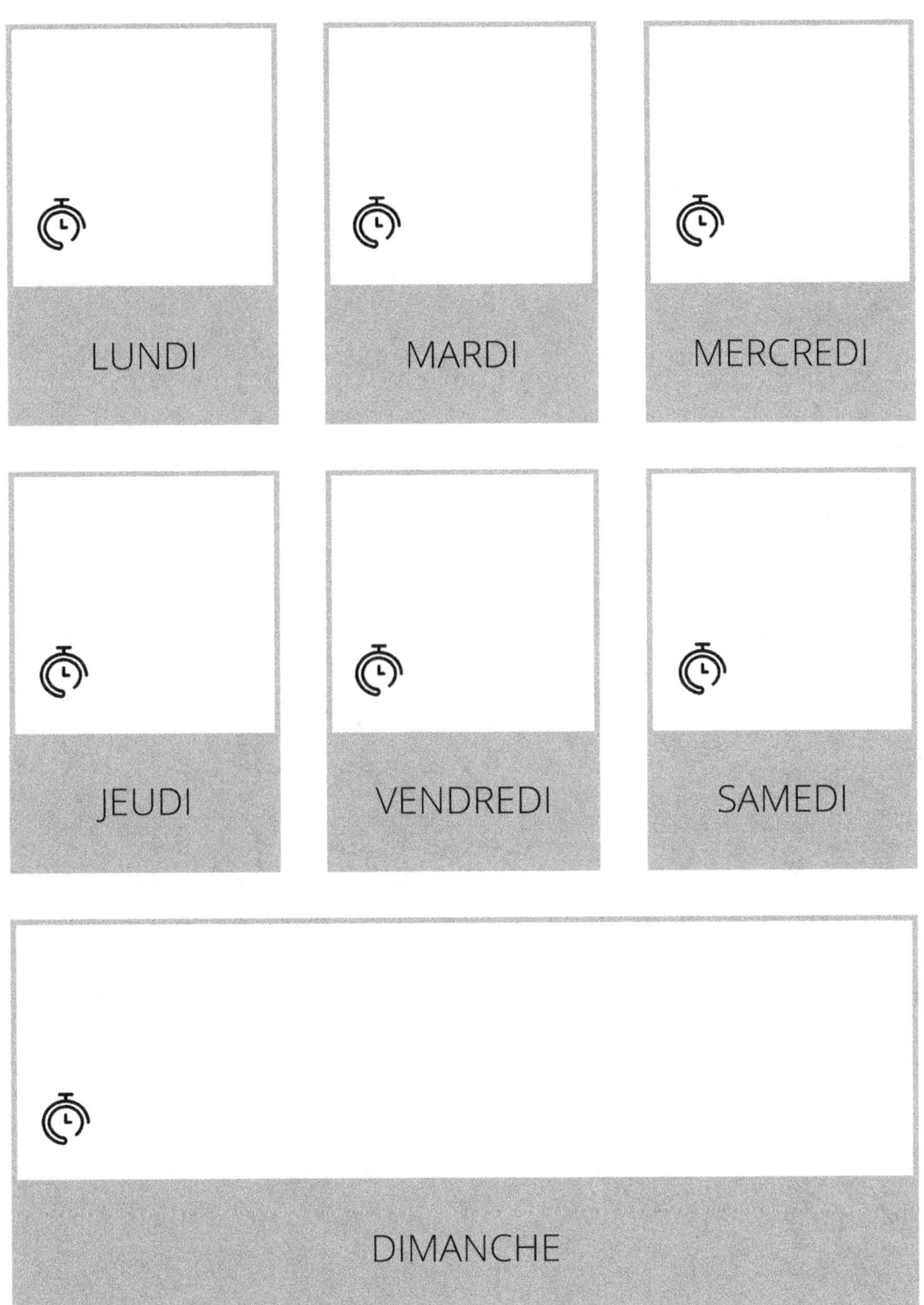

SEMAINE 4 - JOUR 1

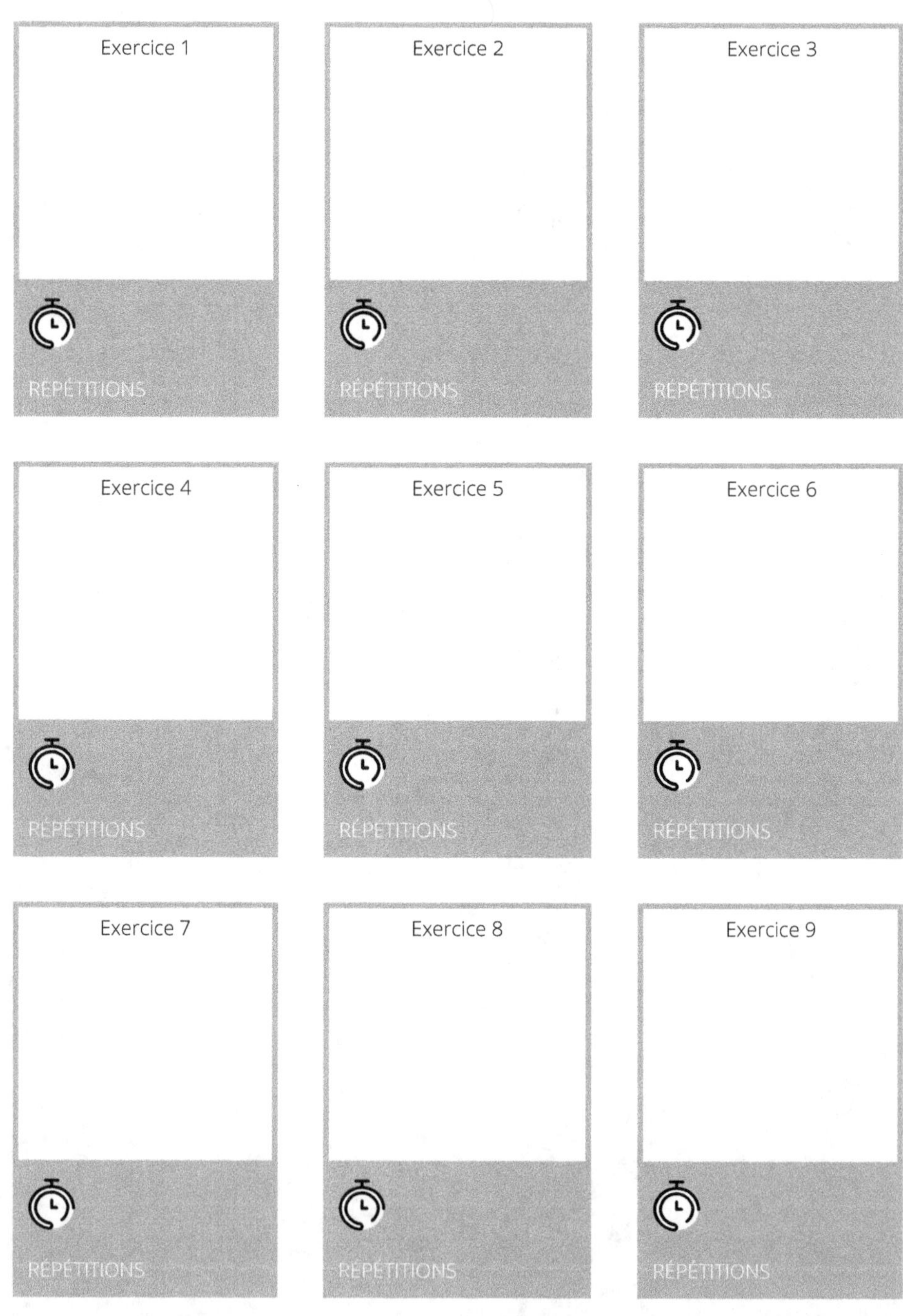

SEMAINE 4 - JOUR 2

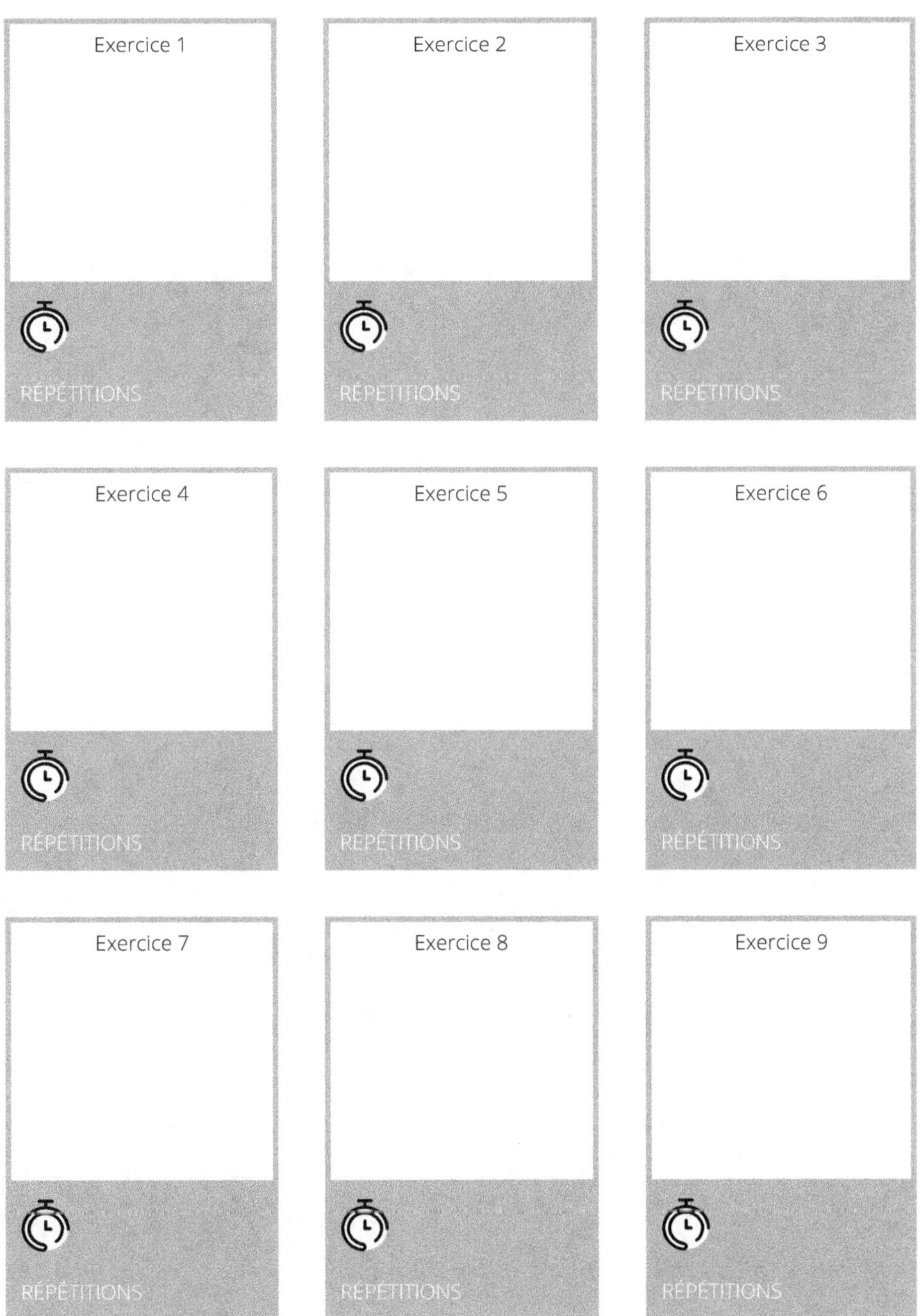

SEMAINE 4 - JOUR 3

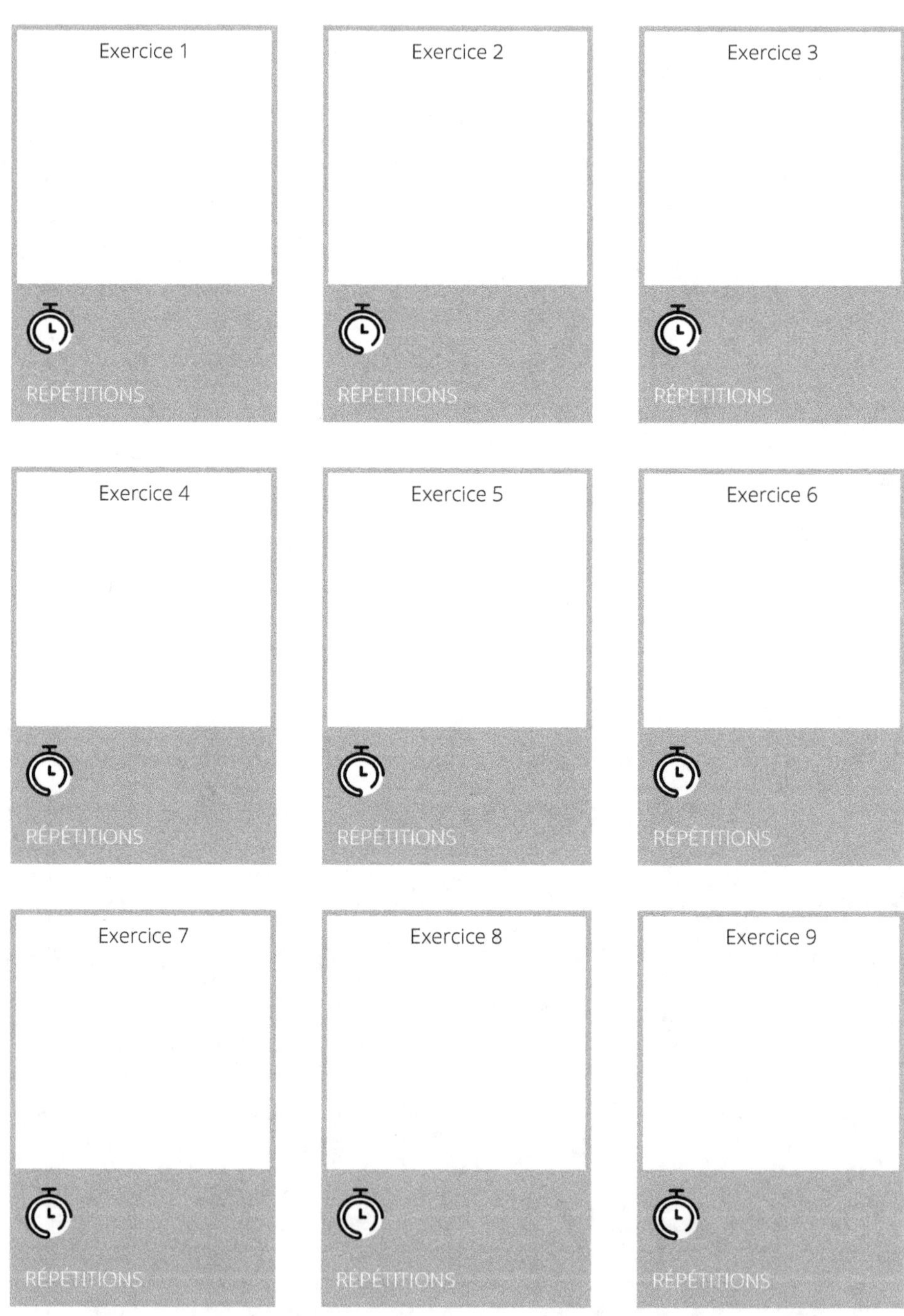

SEMAINE 4 - JOUR 4

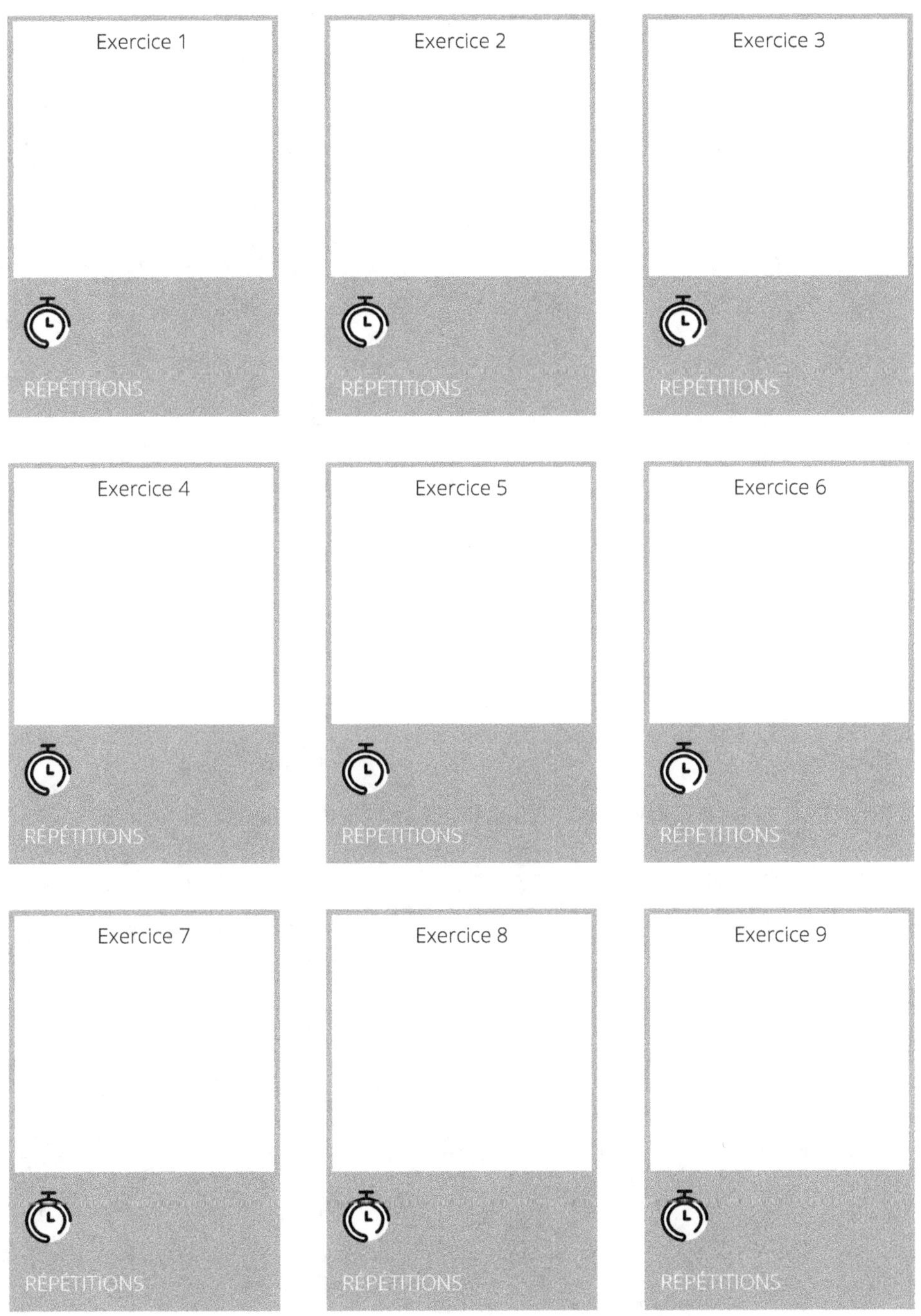

SEMAINE 4 - JOUR 5

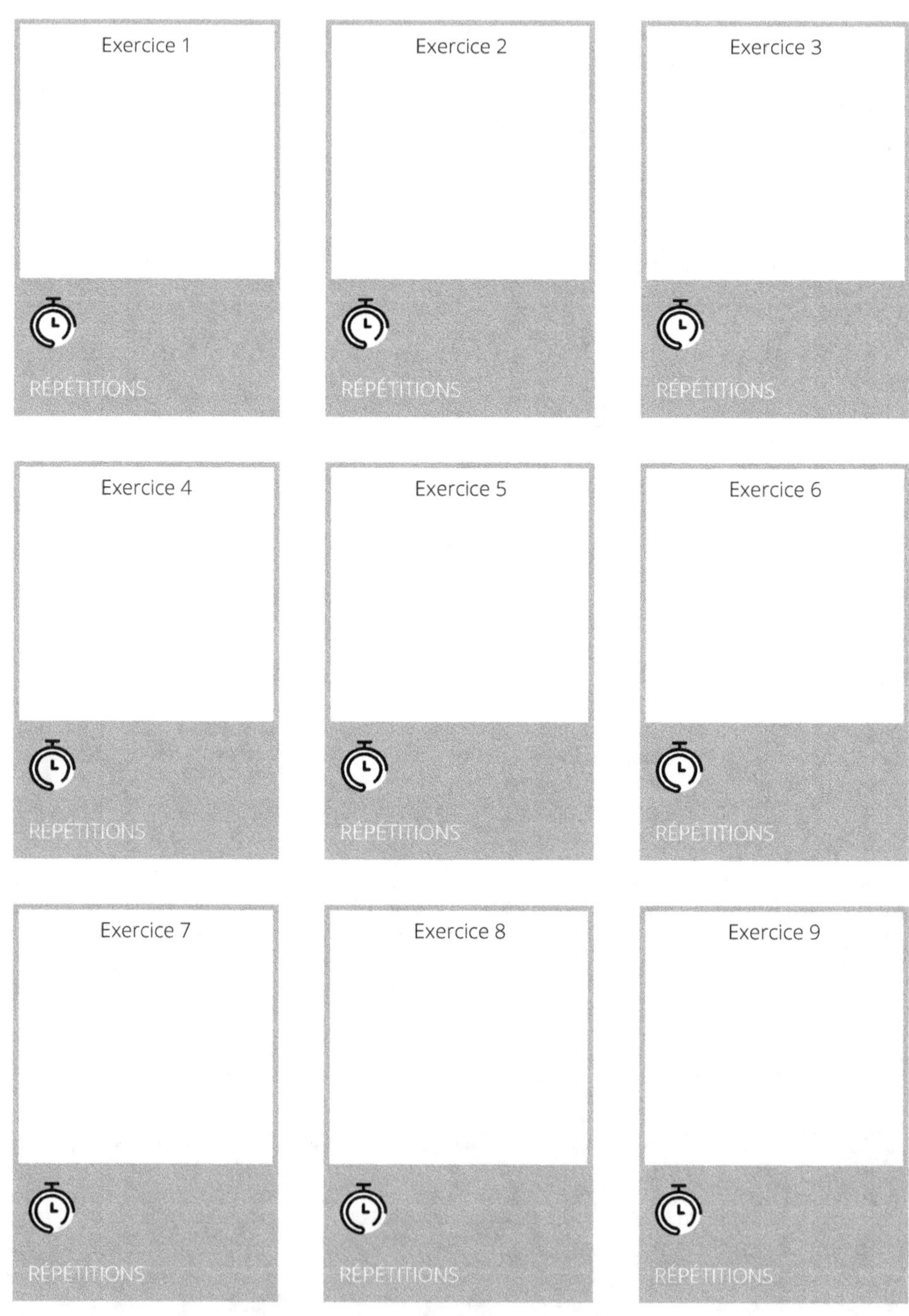

SEMAINE 4 - JOUR 6

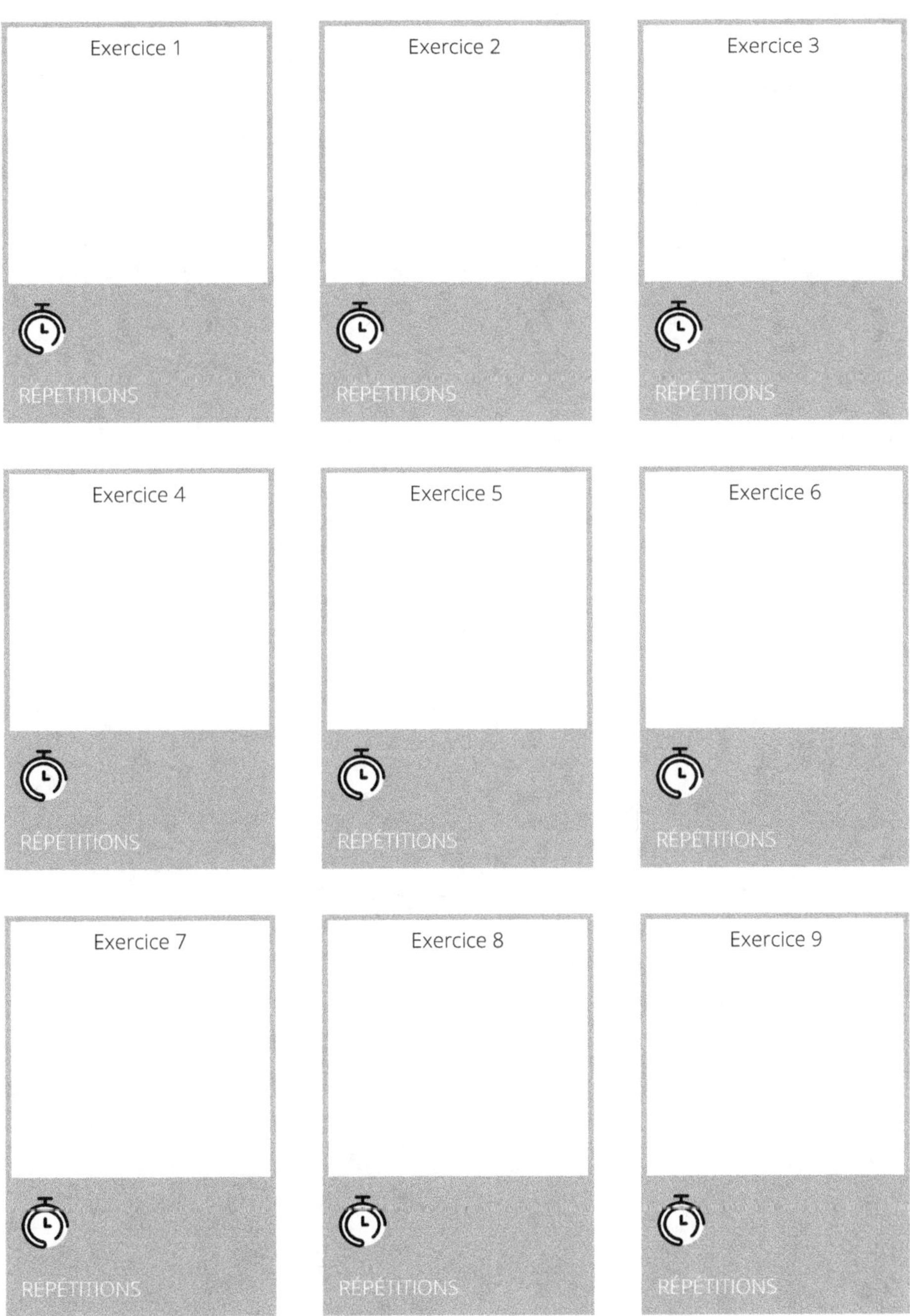

SEMAINE 4 - JOUR 7

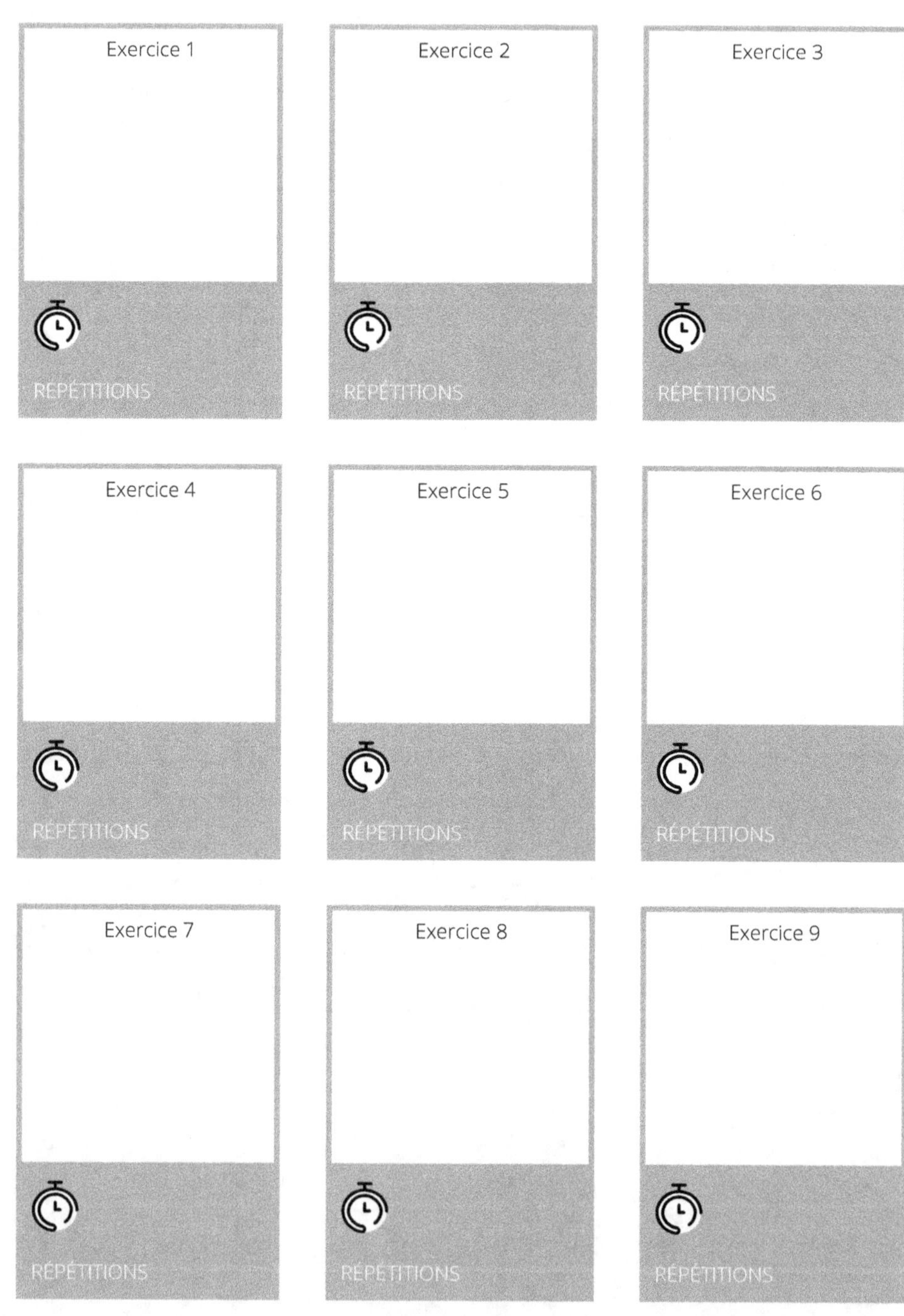

BILAN SEMAINE 4

ÂGE : ___________________________

TAILLE : ________________________

POIDS : _________________________

🕐 DURÉE DE SPORT PAR SEMAINE : ______

MENSURATIONS

1 - ÉPAULES
2 - BICEPS
3 - AVANT BRAS
4 - POITRINE
5 - SOUS POITRINE
6 - TAILLE
7 - HANCHES
8 - FESSES
9 - CUISSES
10 - MOLLETS

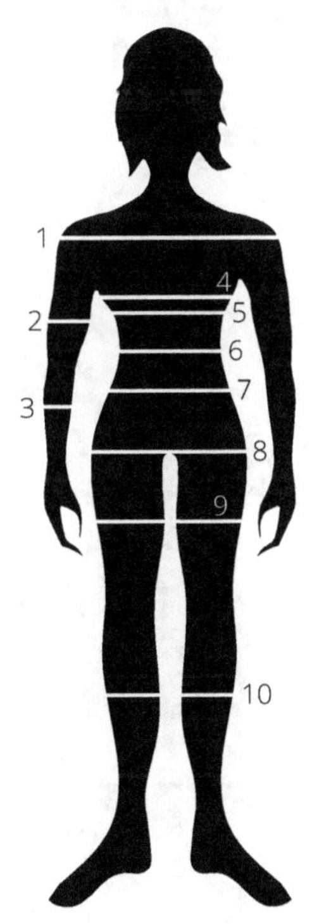

MON RESSENTI GLOBAL

____
____
____
____
____
____

SEMAINE 5

LUNDI
MARDI
MERCREDI
JEUDI
VENDREDI
SAMEDI
DIMANCHE

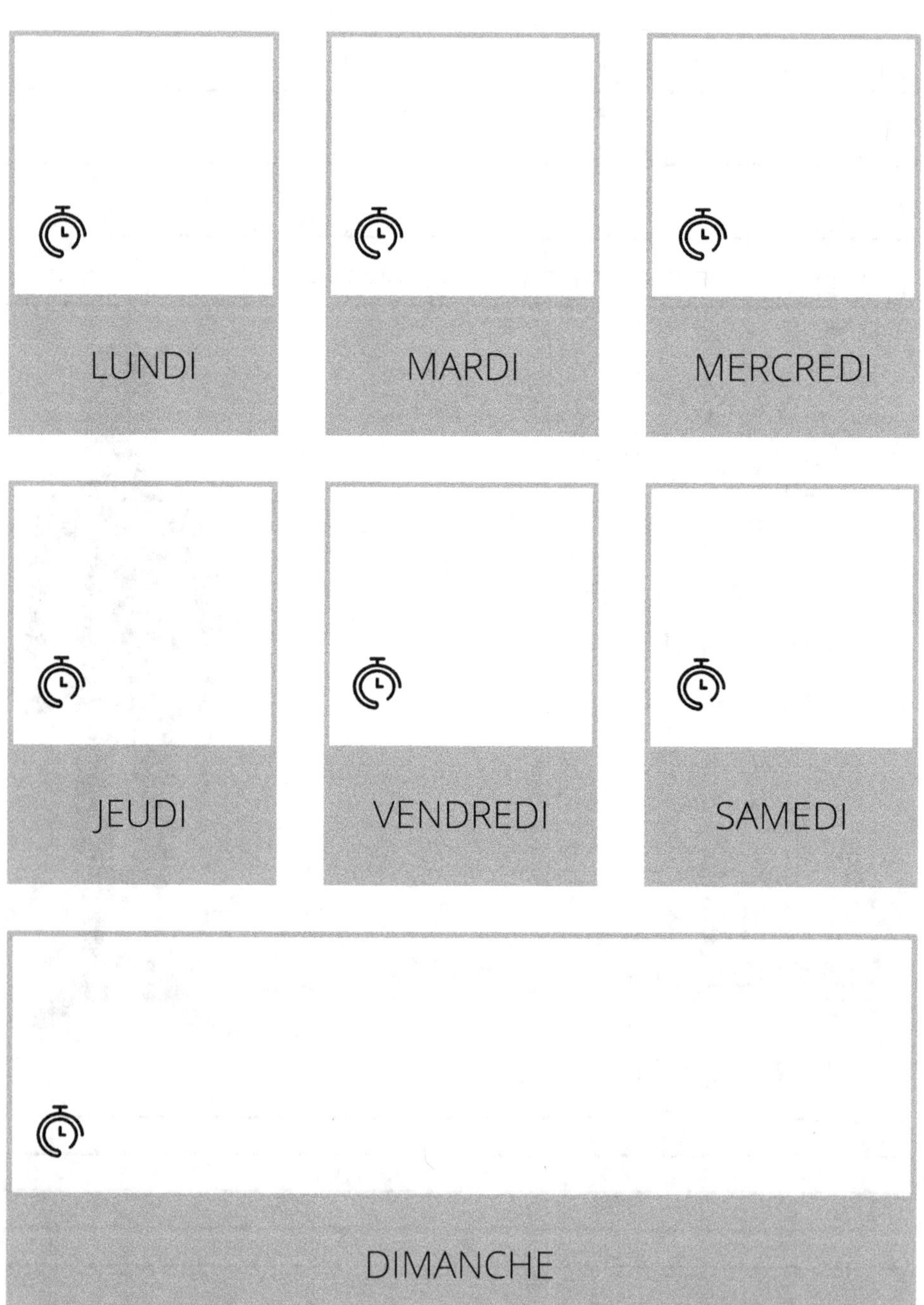

SEMAINE 5 - JOUR 1

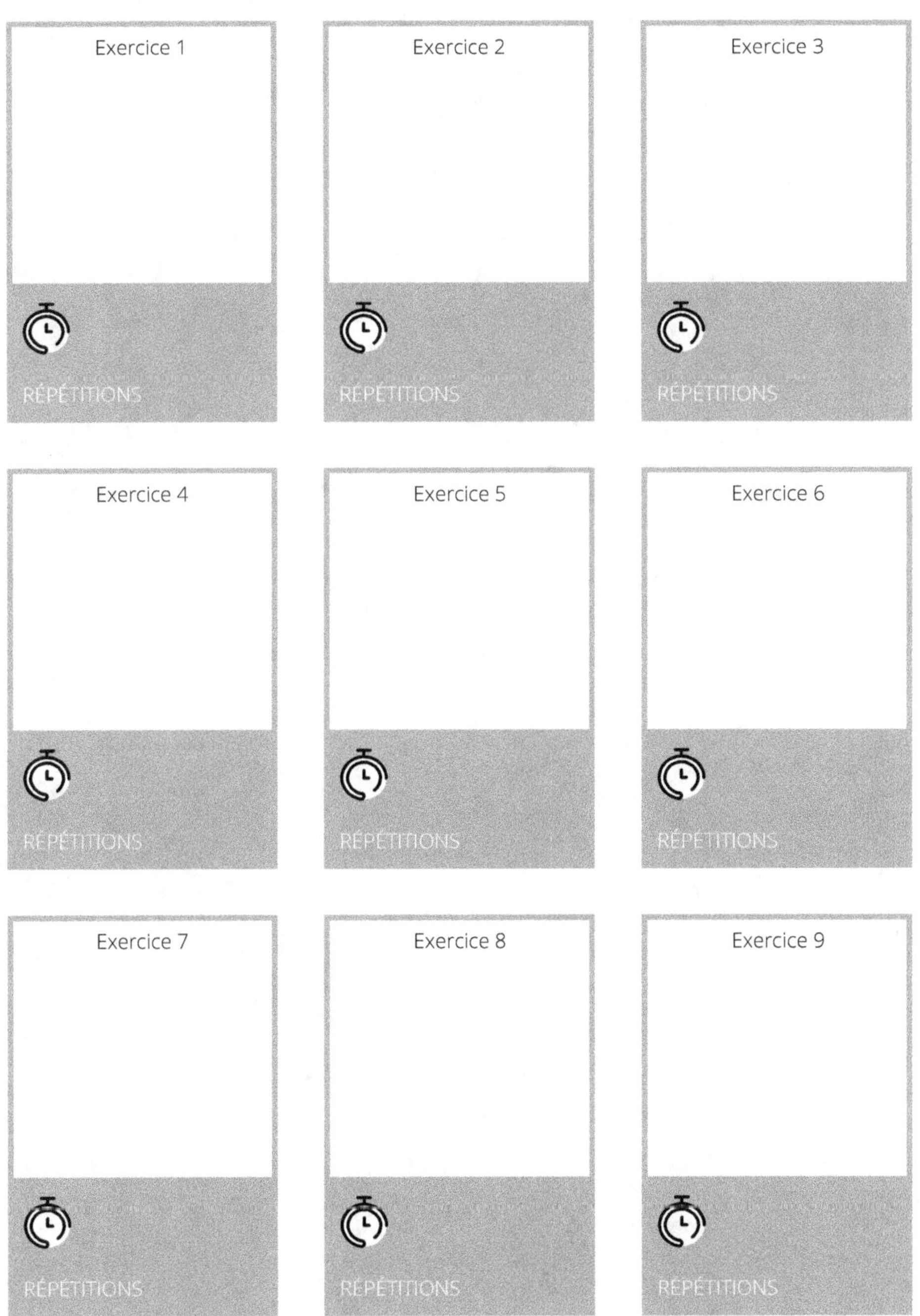

SEMAINE 5 - JOUR 2

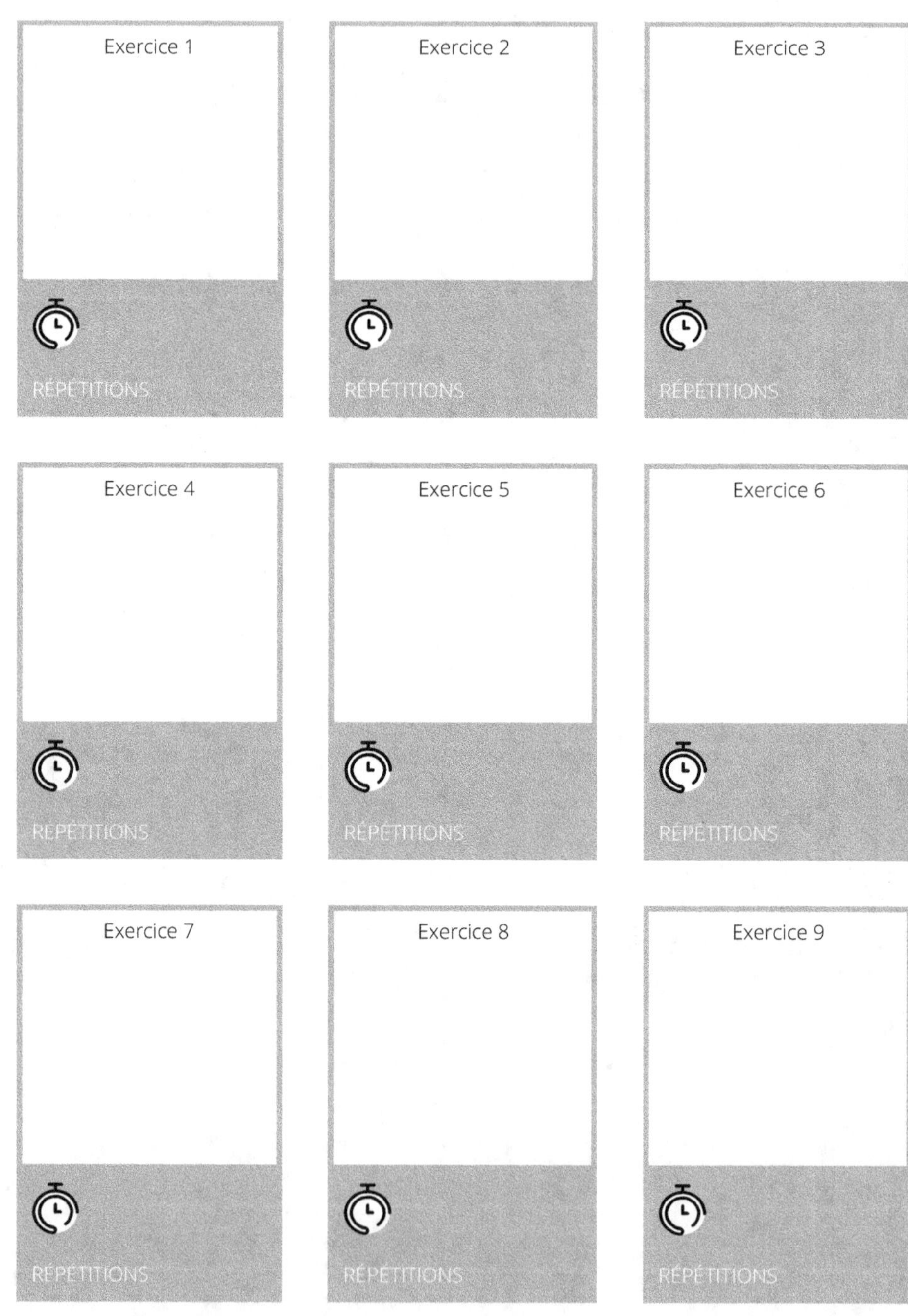

SEMAINE 5 - JOUR 3

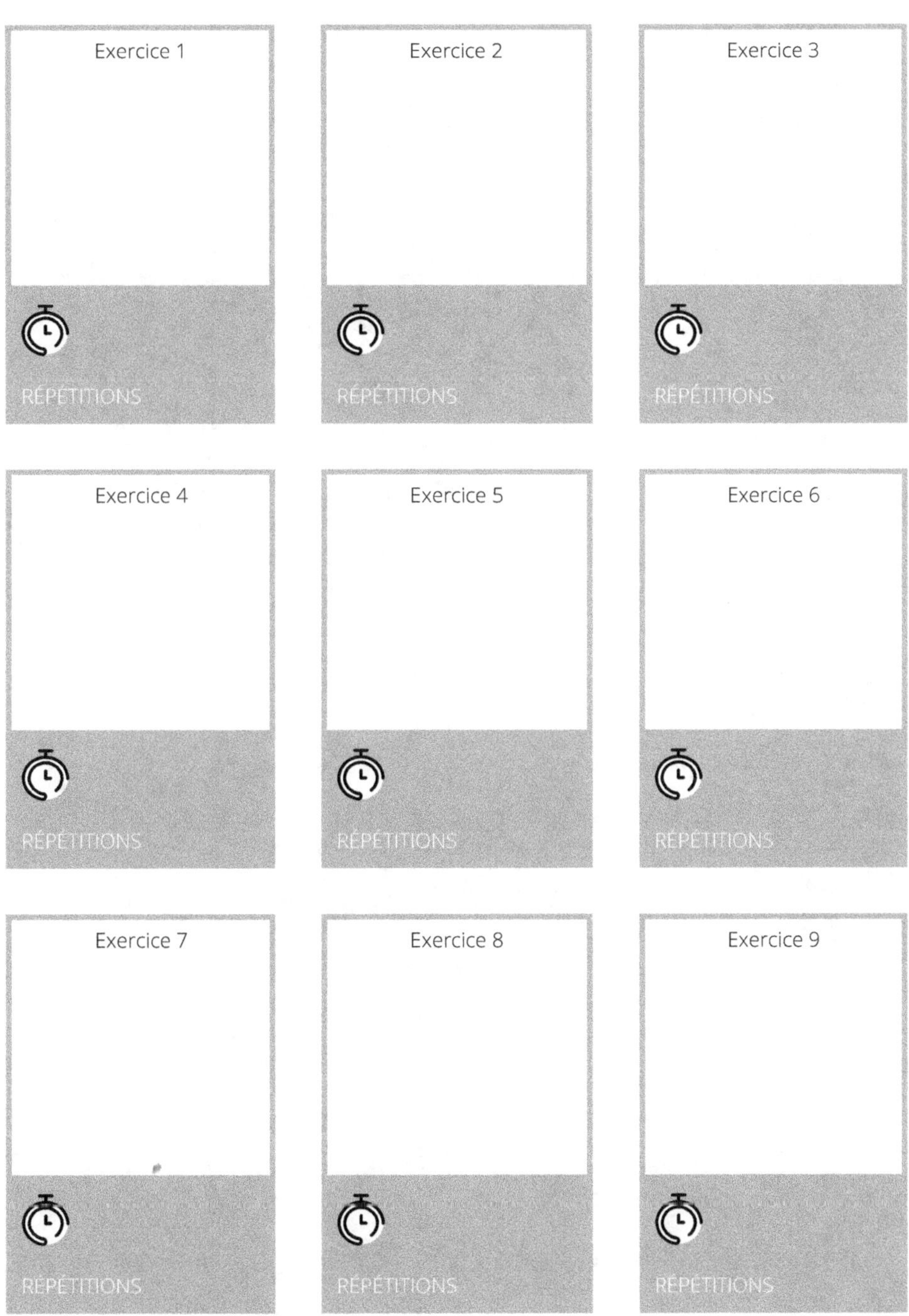

SEMAINE 5 - JOUR 4

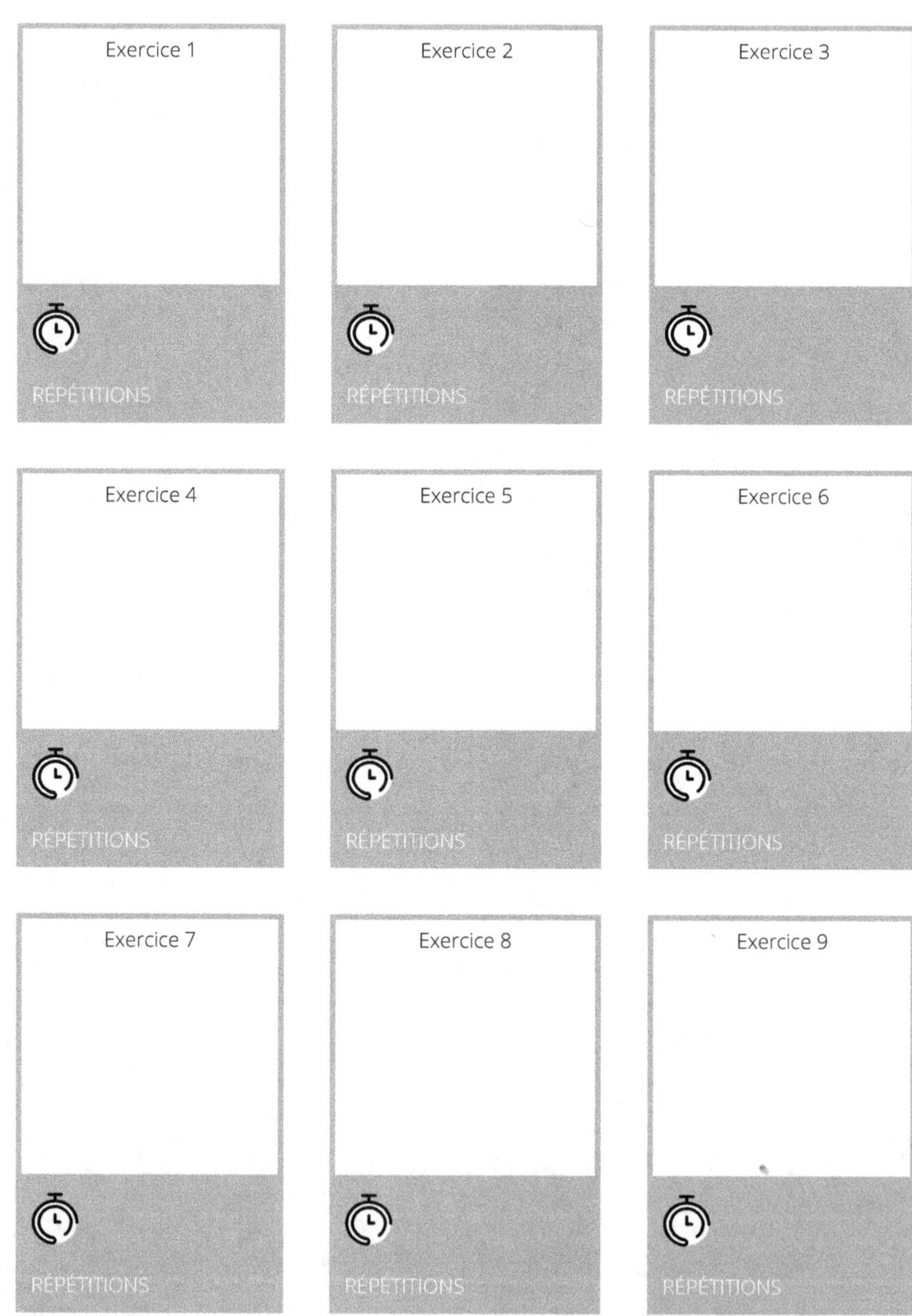

SEMAINE 5 - JOUR 5

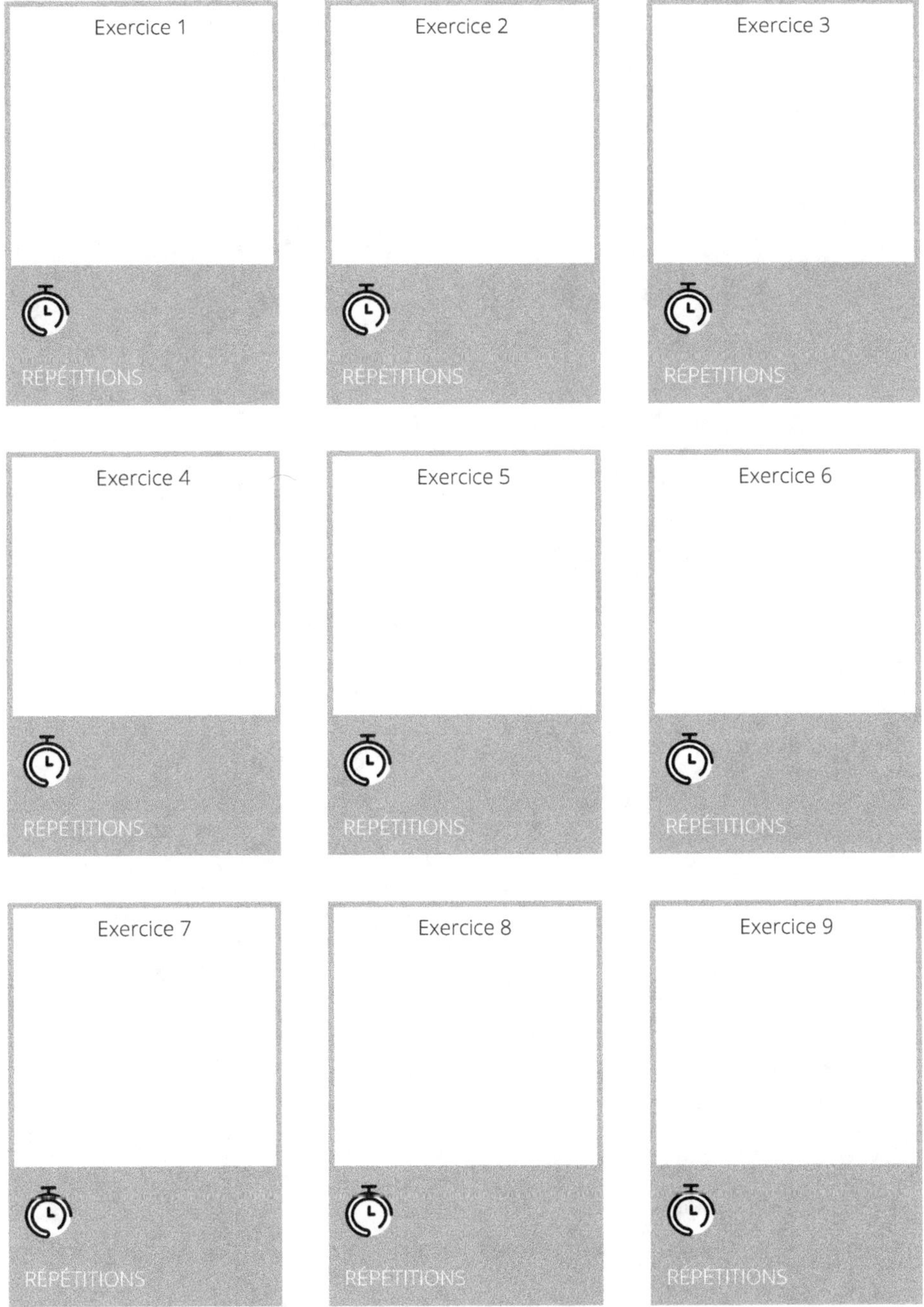

SEMAINE 5 - JOUR 6

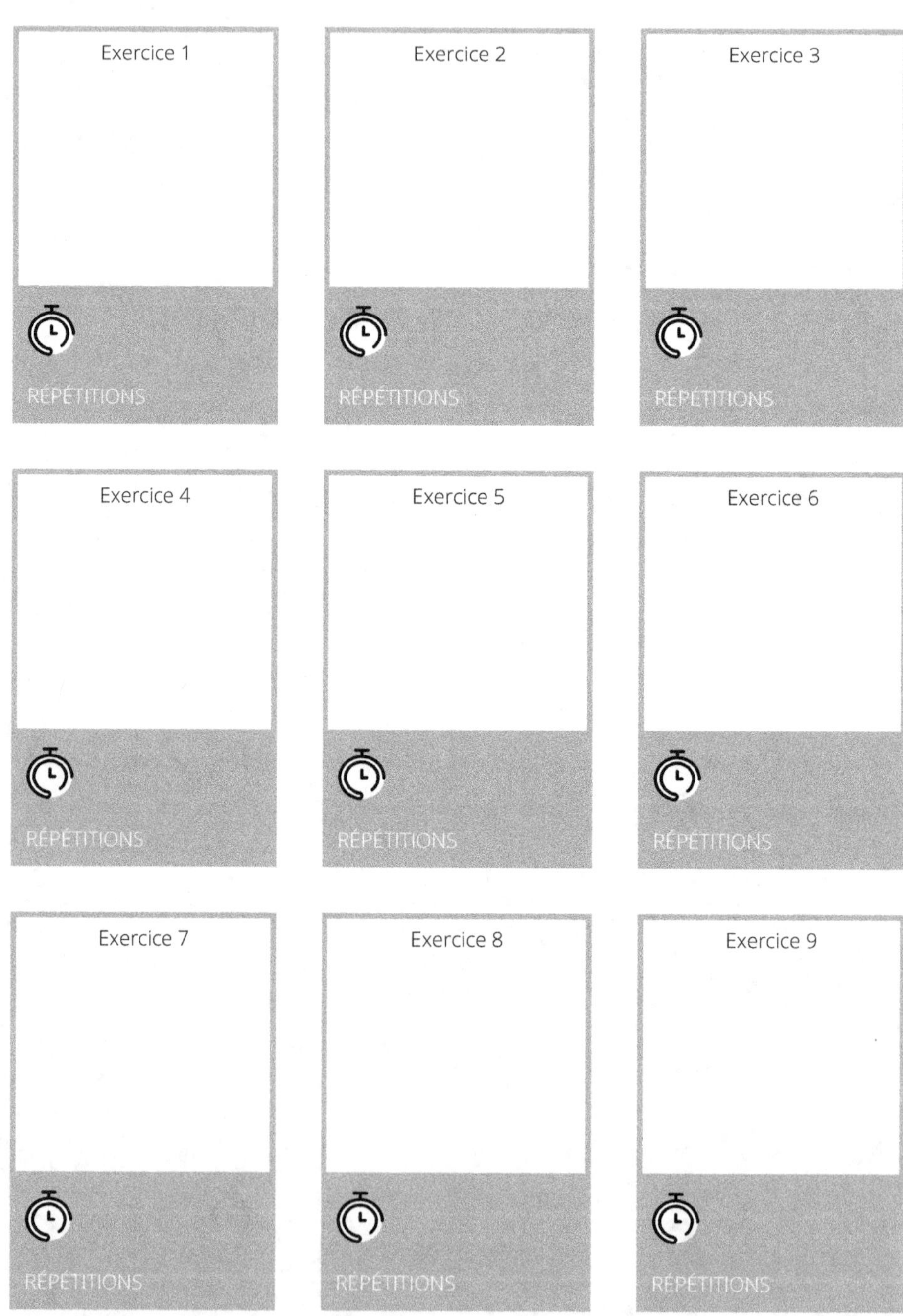

SEMAINE 5 - JOUR 7

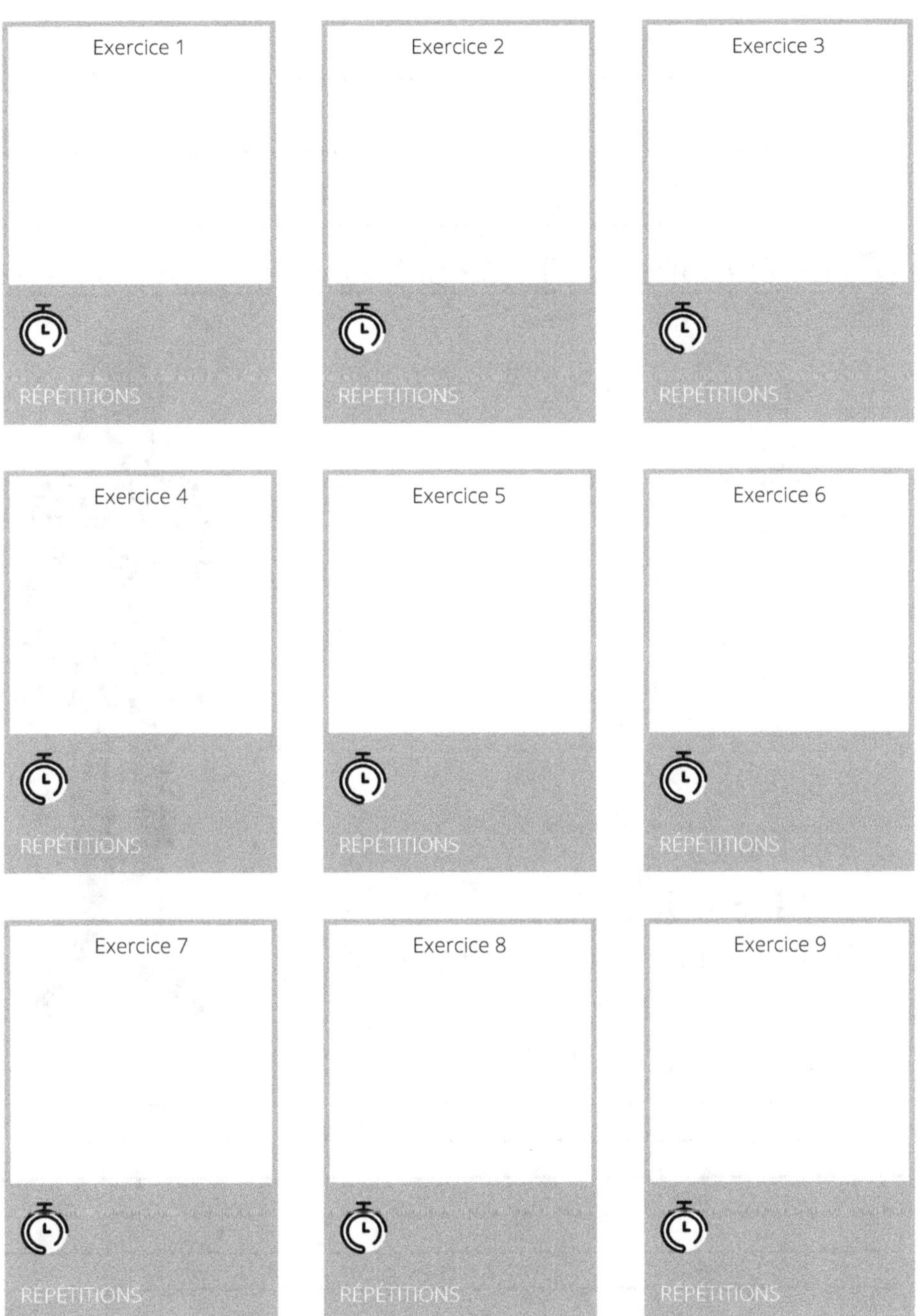

BILAN SEMAINE 5

ÂGE : ______________________________________

TAILLE : ___________________________________

POIDS : ___________________________________

⏱ DURÉE DE SPORT PAR SEMAINE : _____________

MENSURATIONS

1 - ÉPAULES
2 - BICEPS
3 - AVANT BRAS
4 - POITRINE
5 - SOUS POITRINE
6 - TAILLE
7 - HANCHES
8 - FESSES
9 - CUISSES
10 - MOLLETS

MON RESSENTI GLOBAL

____
____
____
____
____
____

SEMAINE 6

LUNDI
MARDI
MERCREDI
JEUDI
VENDREDI
SAMEDI
DIMANCHE

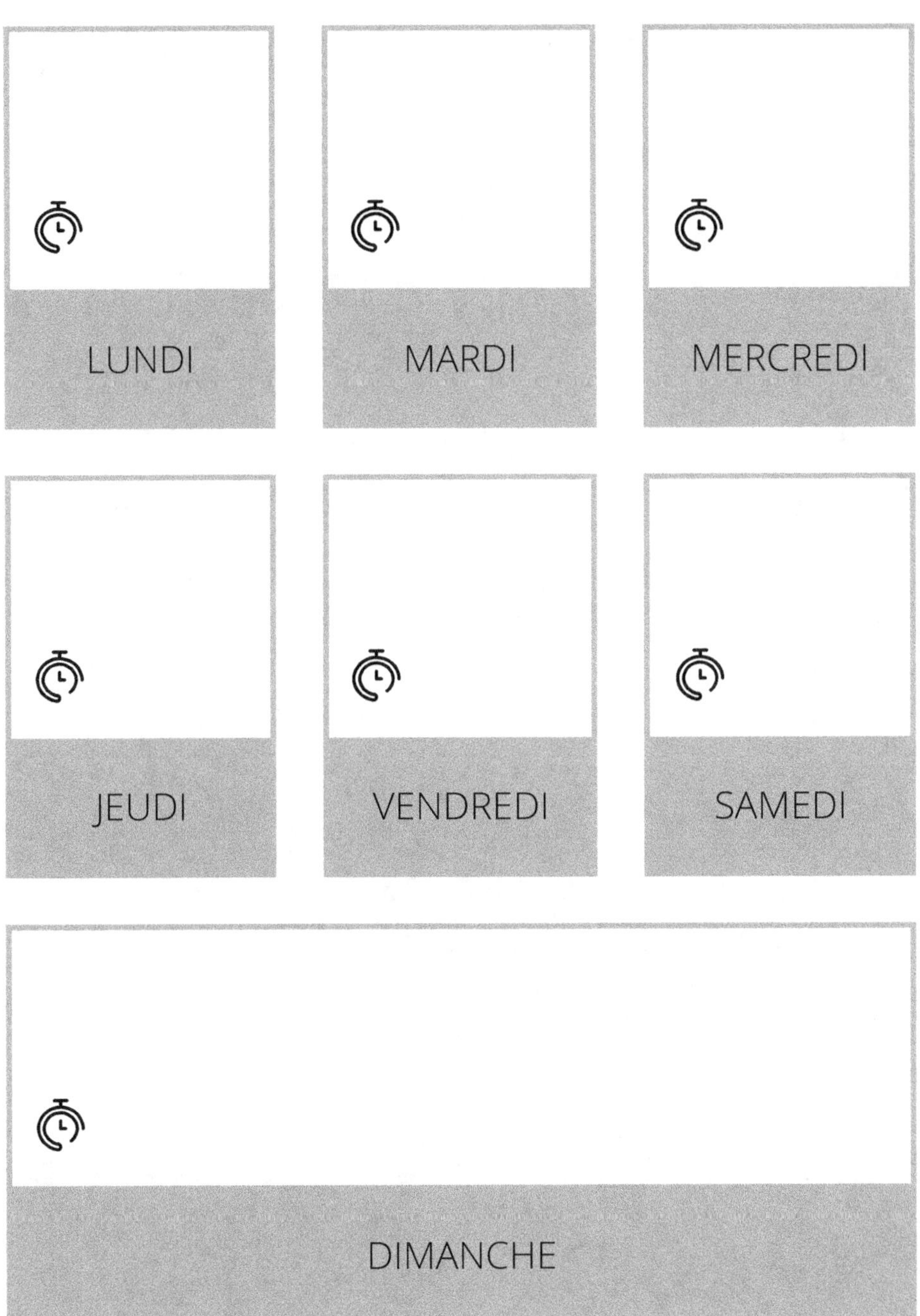

SEMAINE 6 - JOUR 1

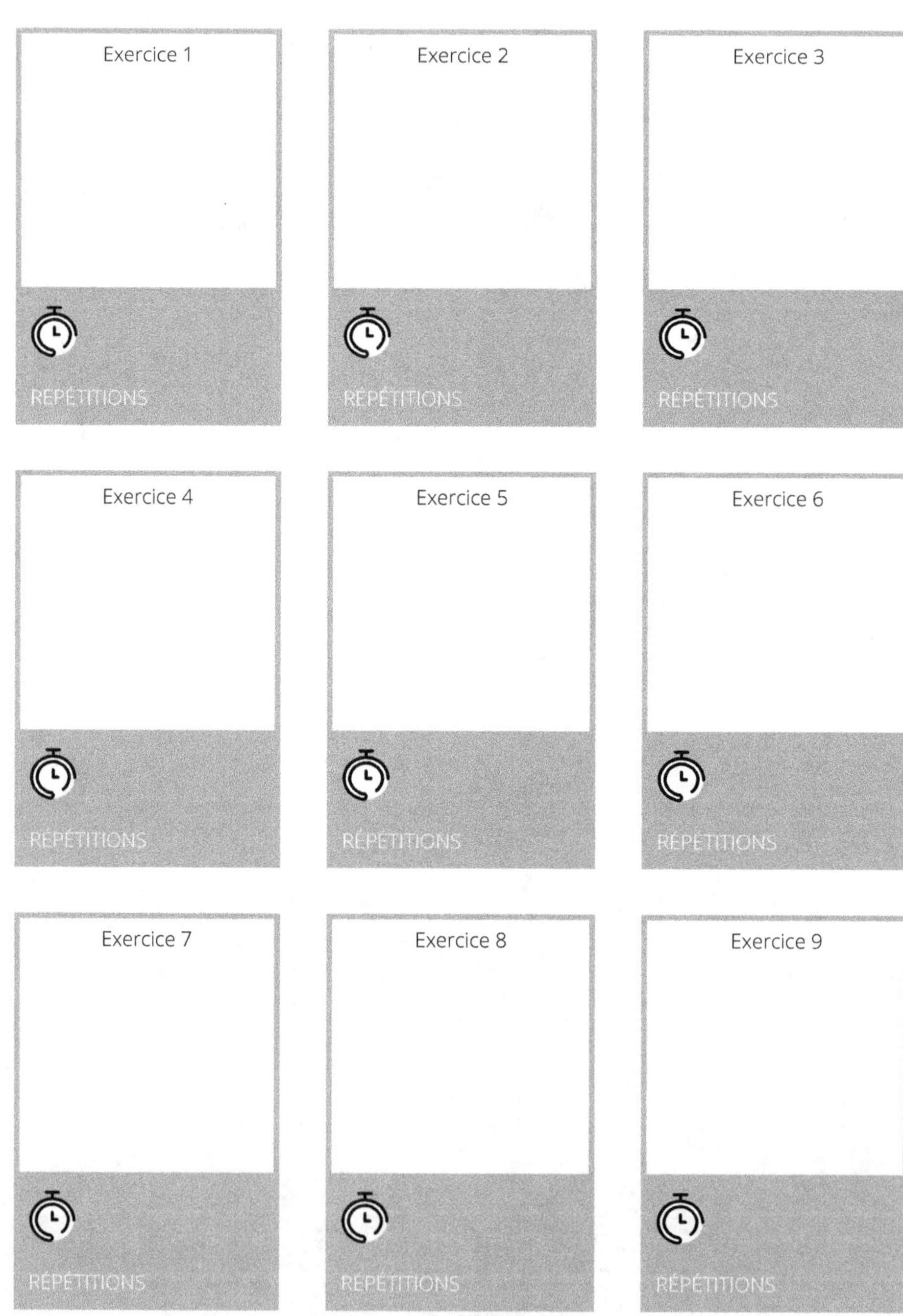

SEMAINE 6 - JOUR 2

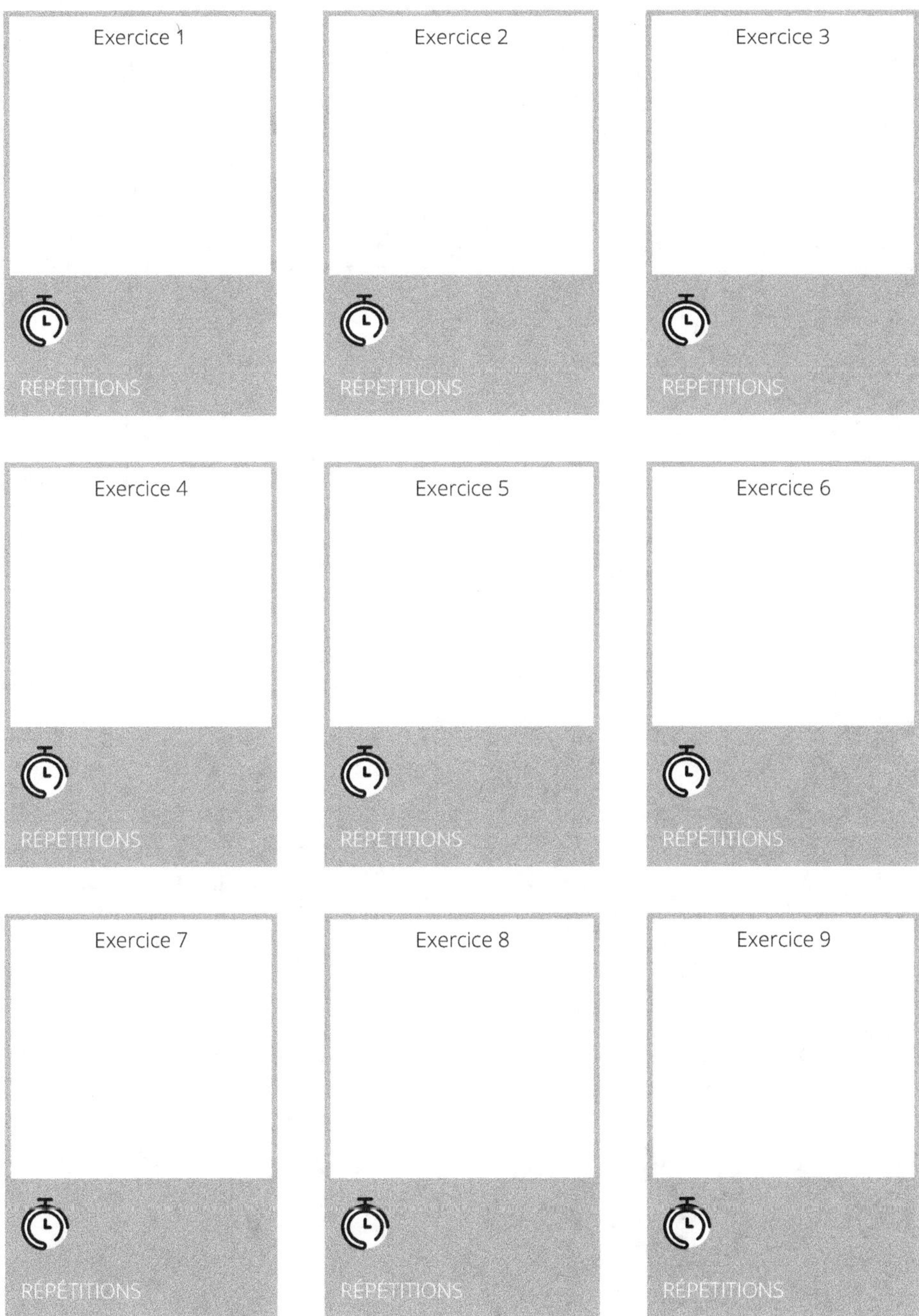

SEMAINE 6 - JOUR 3

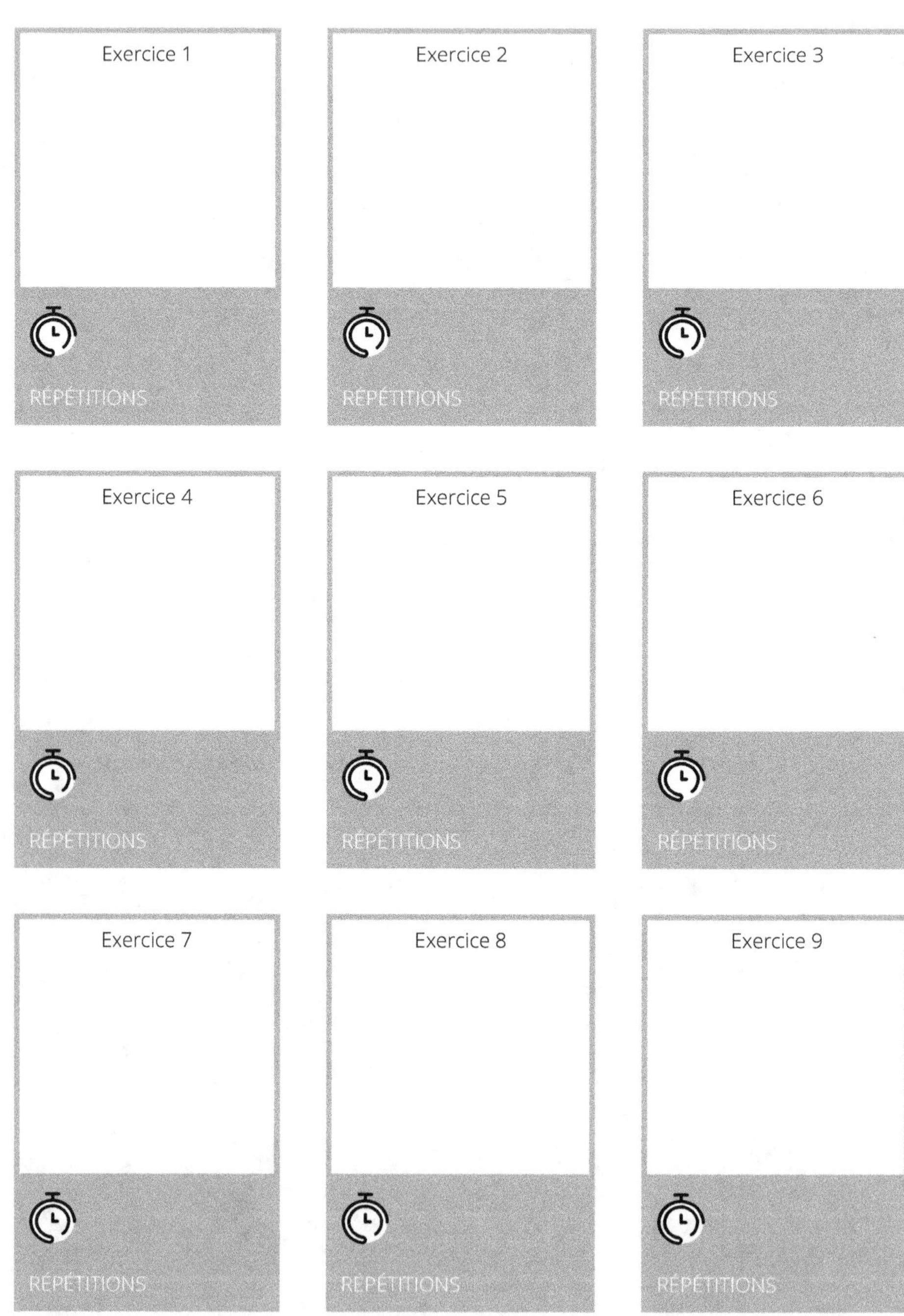

SEMAINE 6 - JOUR 4

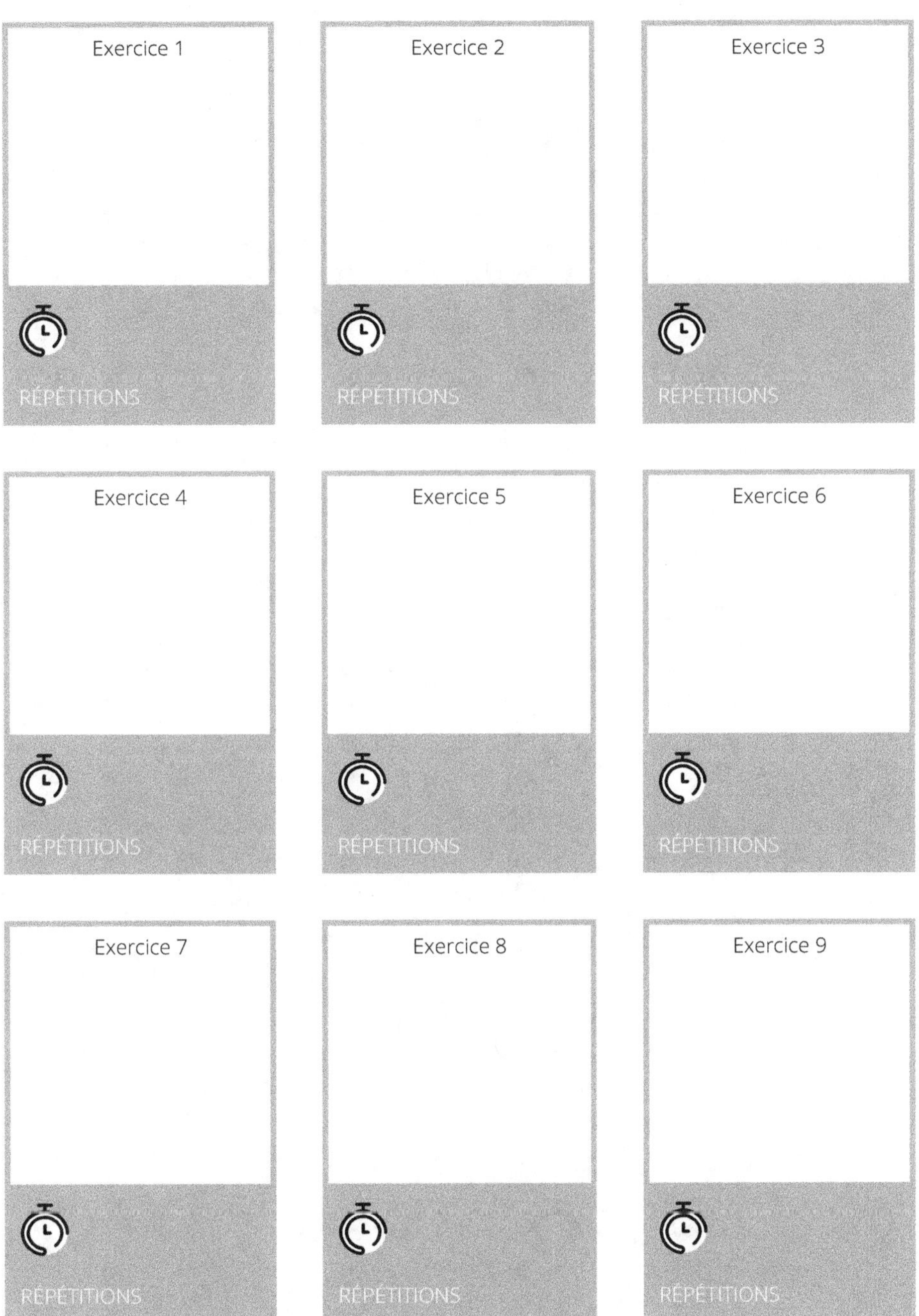

SEMAINE 6 - JOUR 5

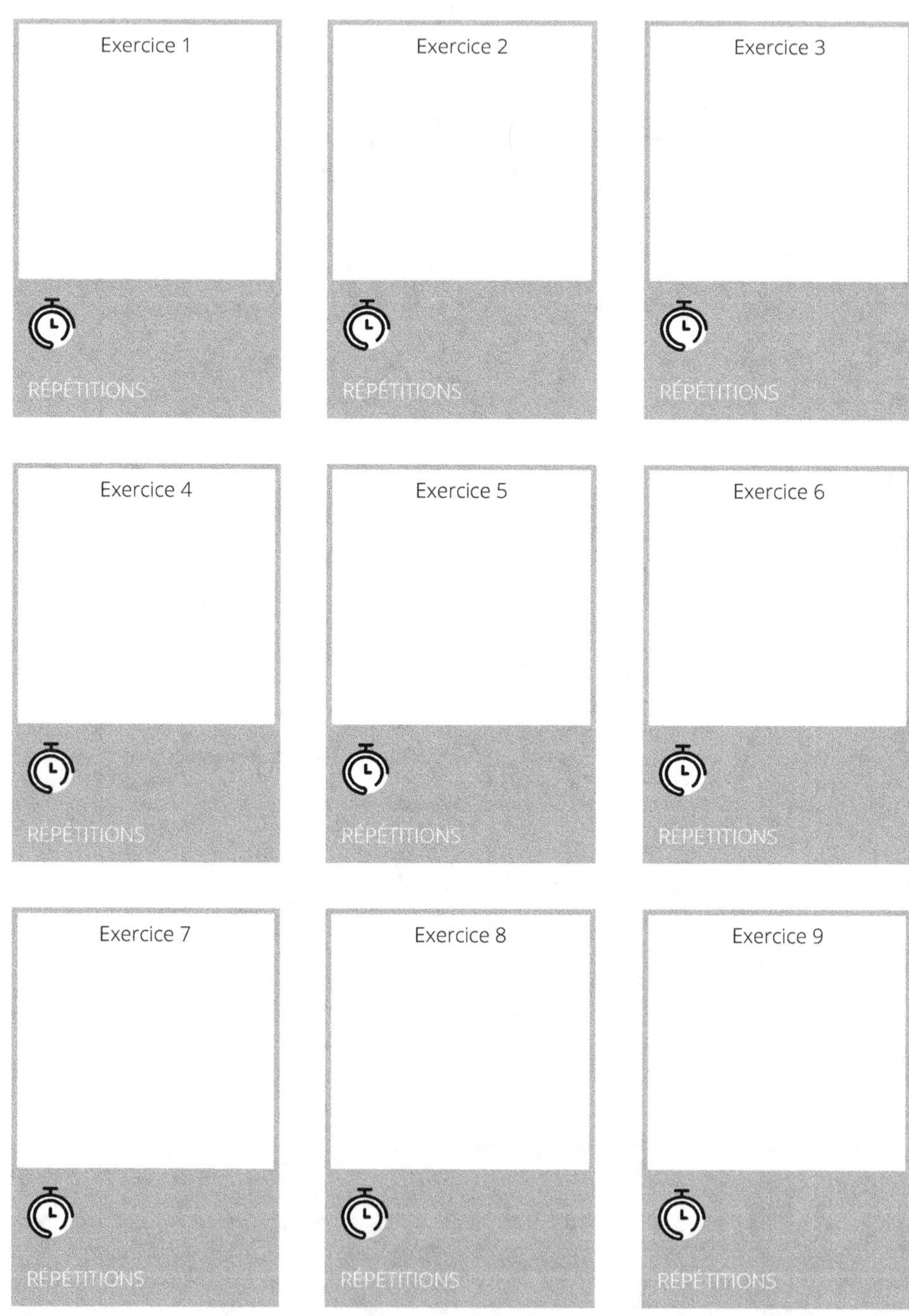

SEMAINE 6 - JOUR 6

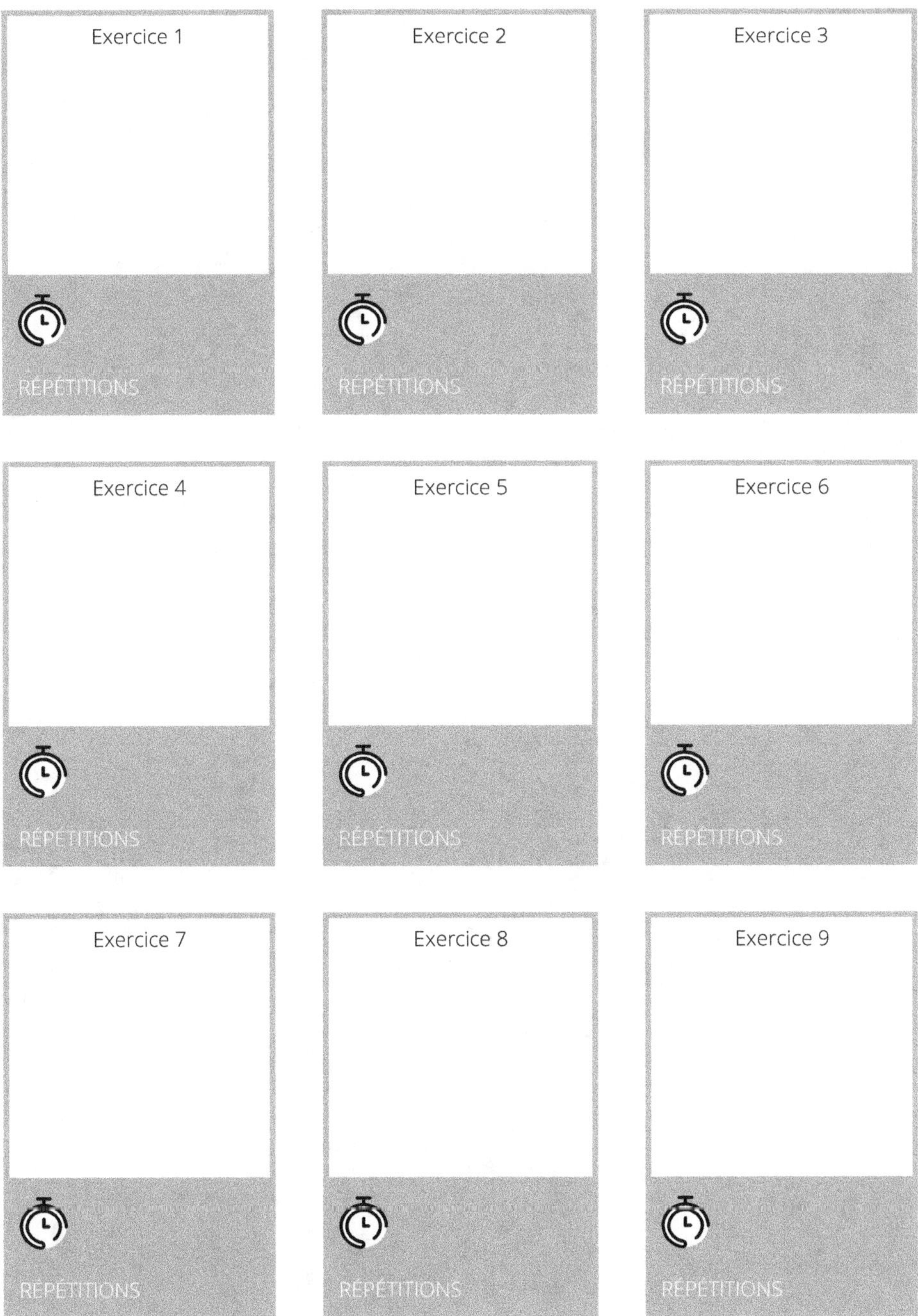

SEMAINE 6 - JOUR 7

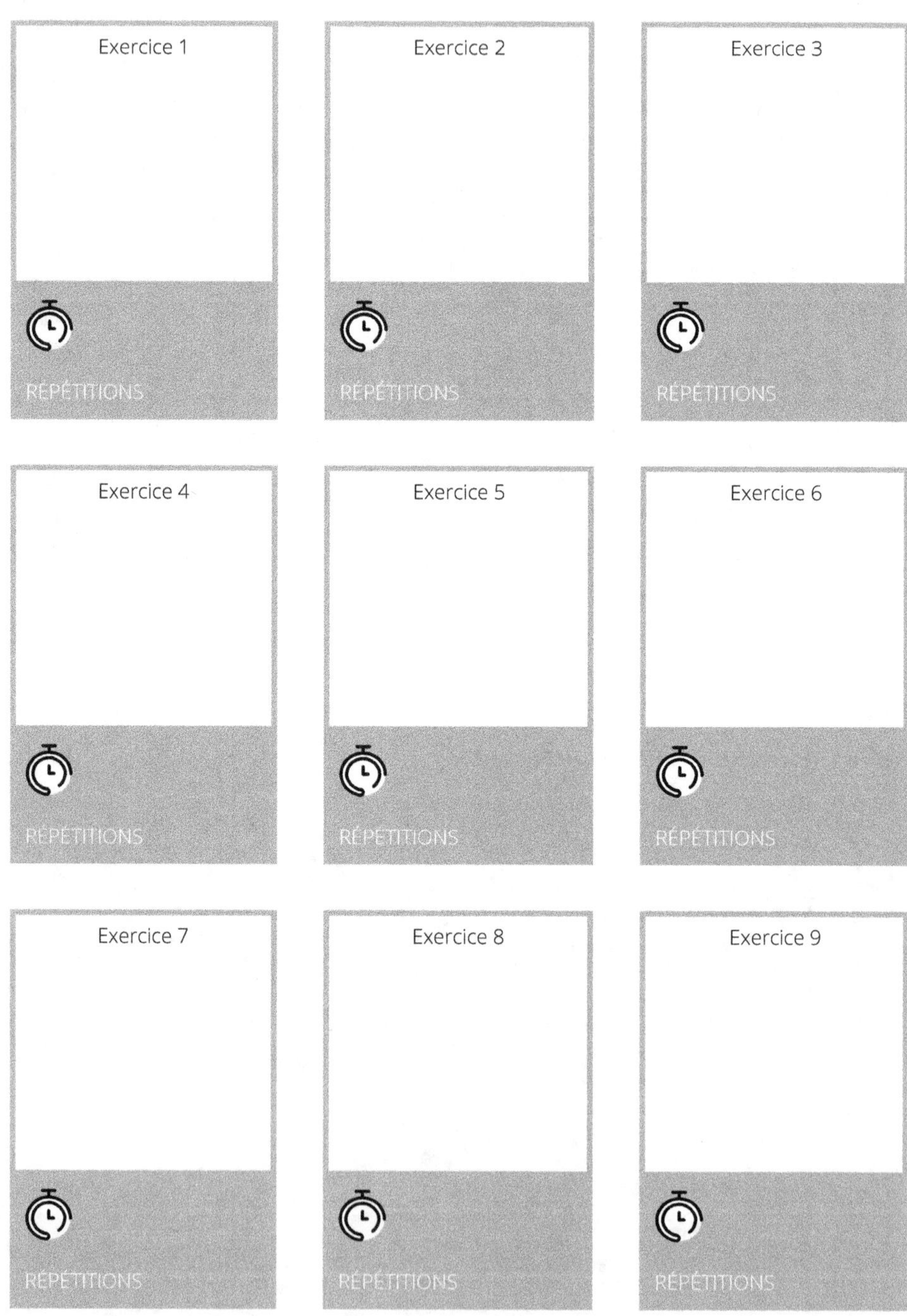

BILAN SEMAINE 6

ÂGE :

TAILLE :

POIDS :

🕐 DURÉE DE SPORT PAR SEMAINE :

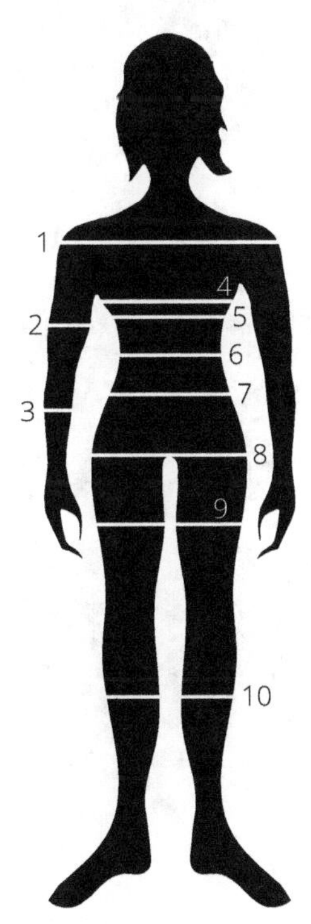

MENSURATIONS

1 - ÉPAULES

2 - BICEPS

3 - AVANT BRAS

4 - POITRINE

5 - SOUS POITRINE

6 - TAILLE

7 - HANCHES

8 - FESSES

9 - CUISSES

10 - MOLLETS

MON RESSENTI GLOBAL

SEMAINE 7

LUNDI
MARDI
MERCREDI
JEUDI
VENDREDI
SAMEDI
DIMANCHE

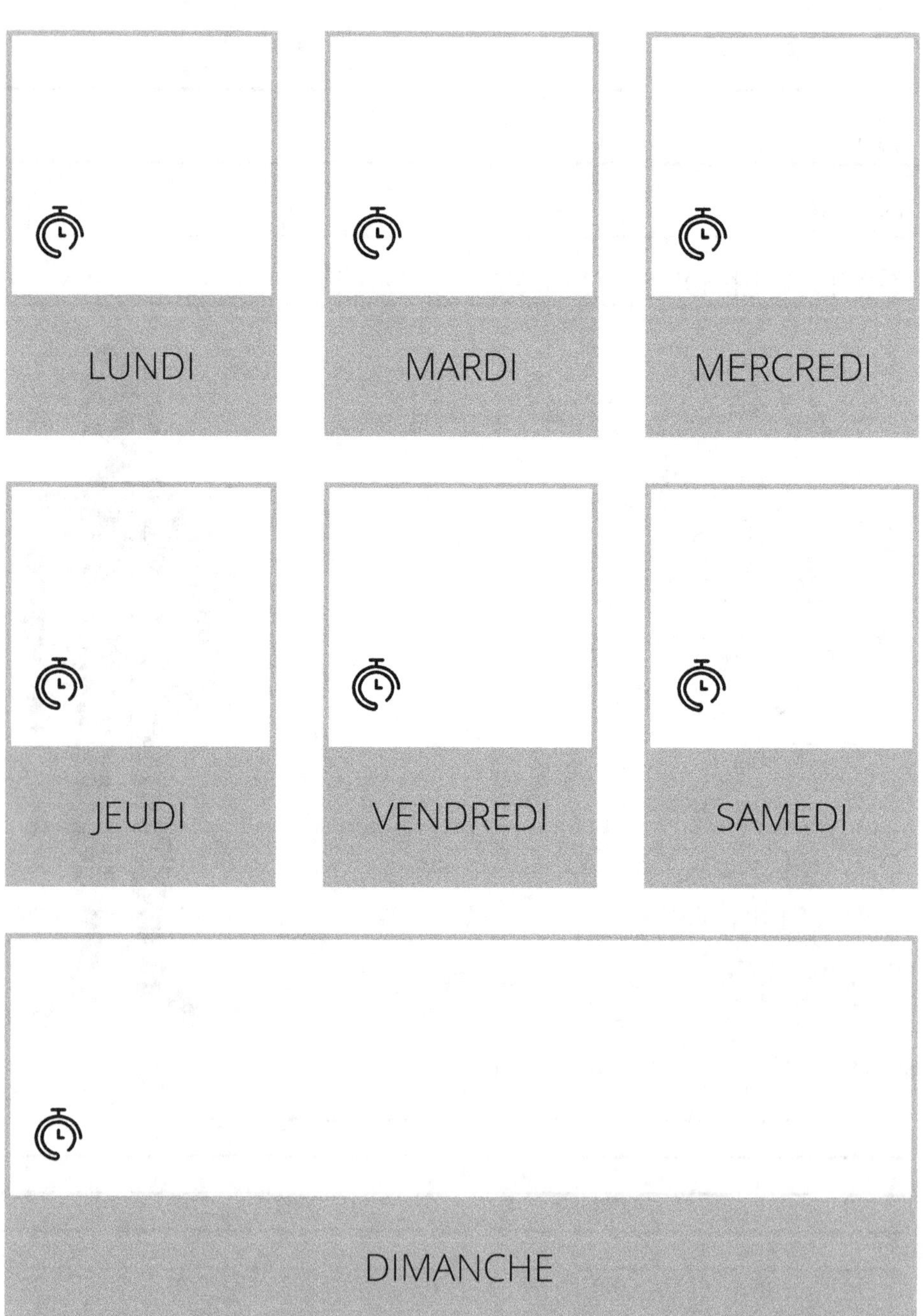

SEMAINE 7 - JOUR 1

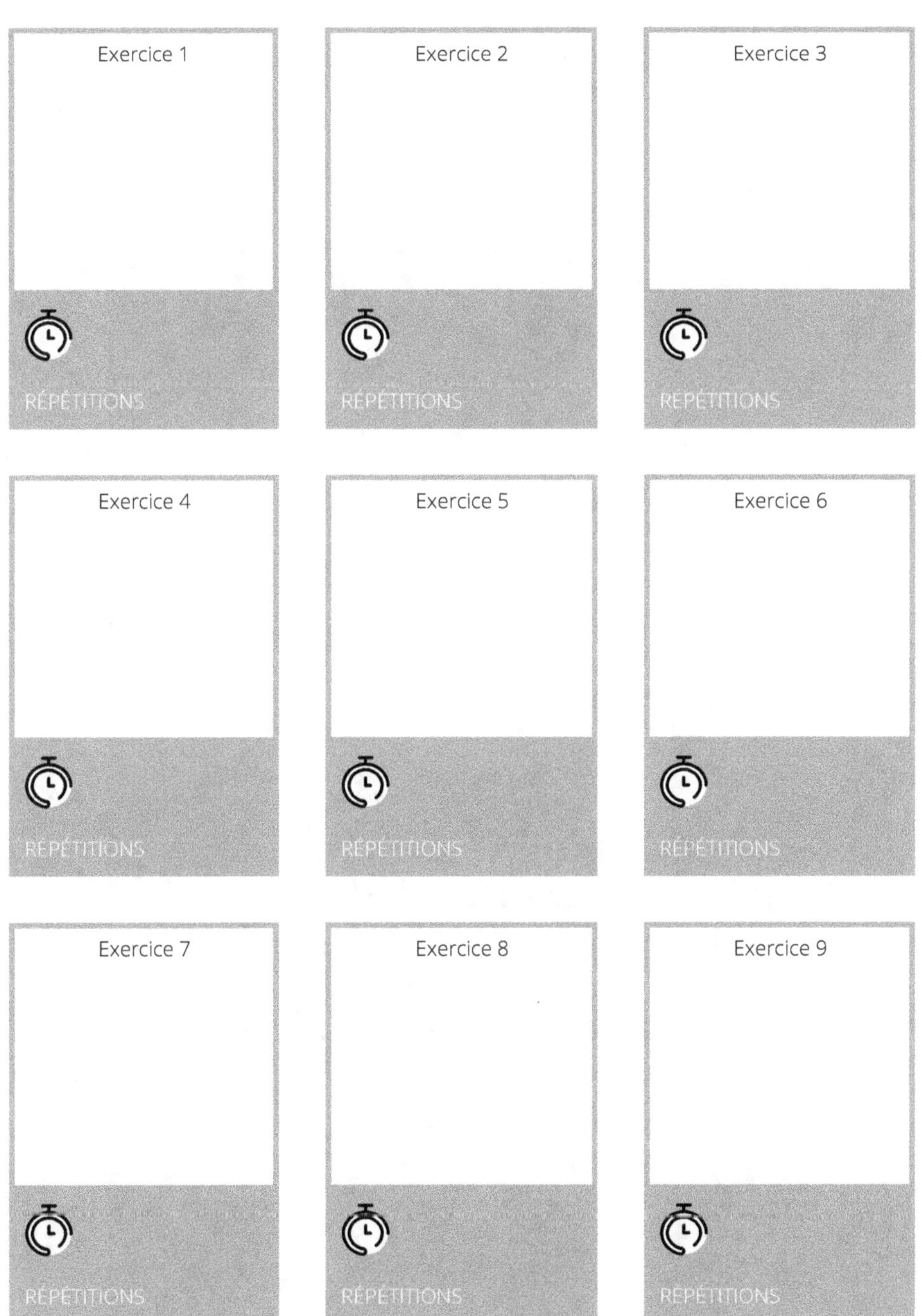

SEMAINE 7 - JOUR 2

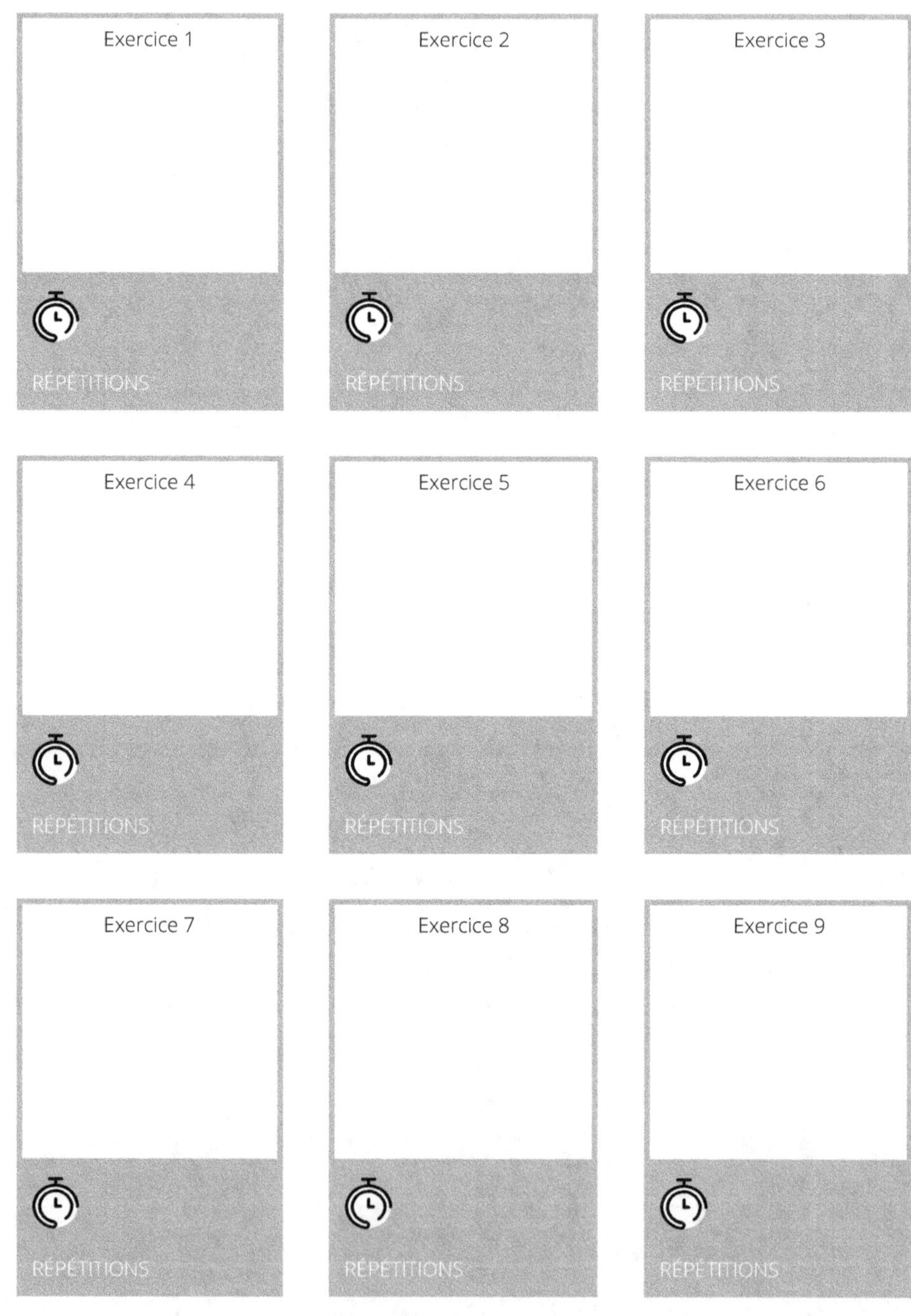

SEMAINE 7 - JOUR 3

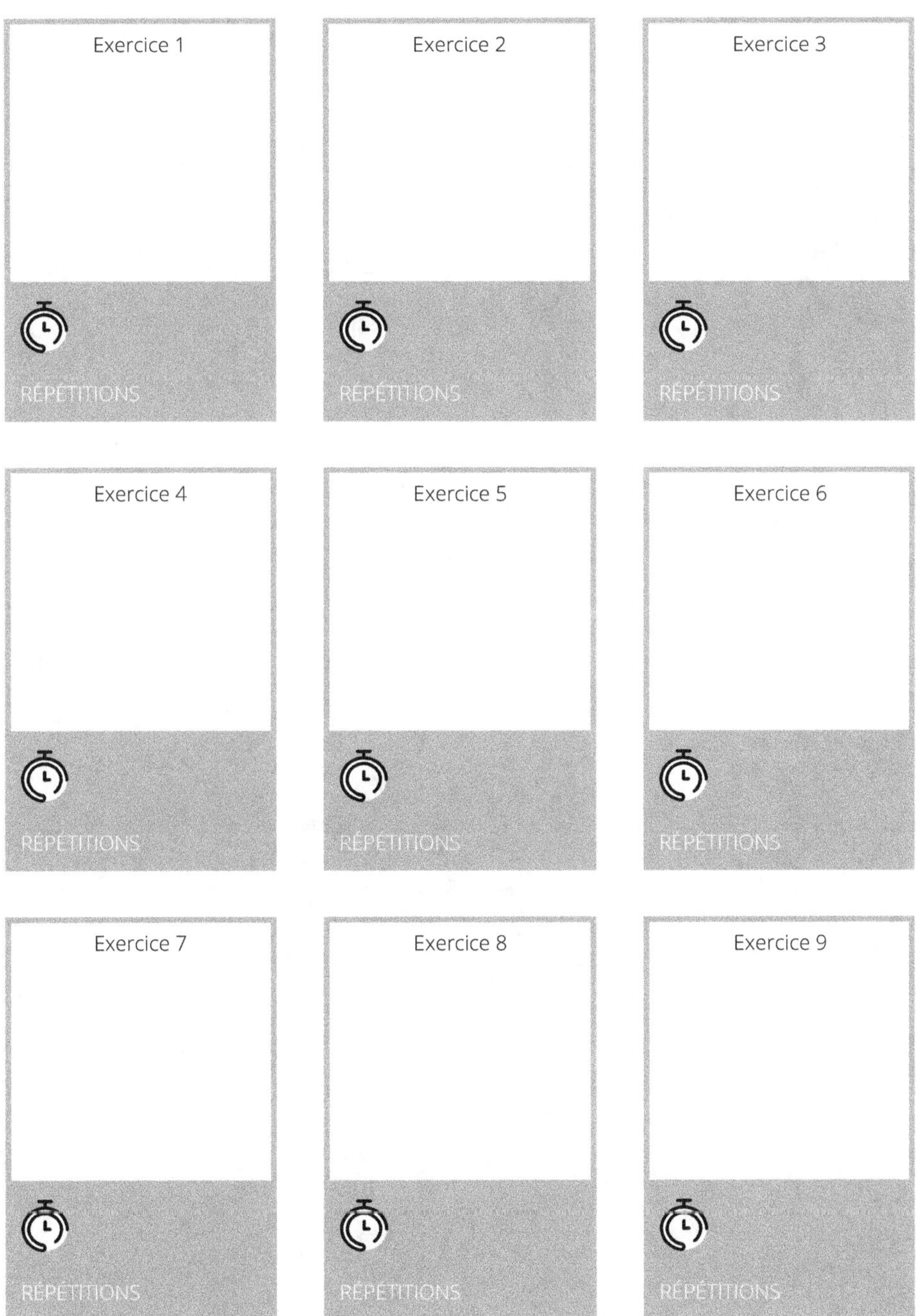

SEMAINE 7 - JOUR 4

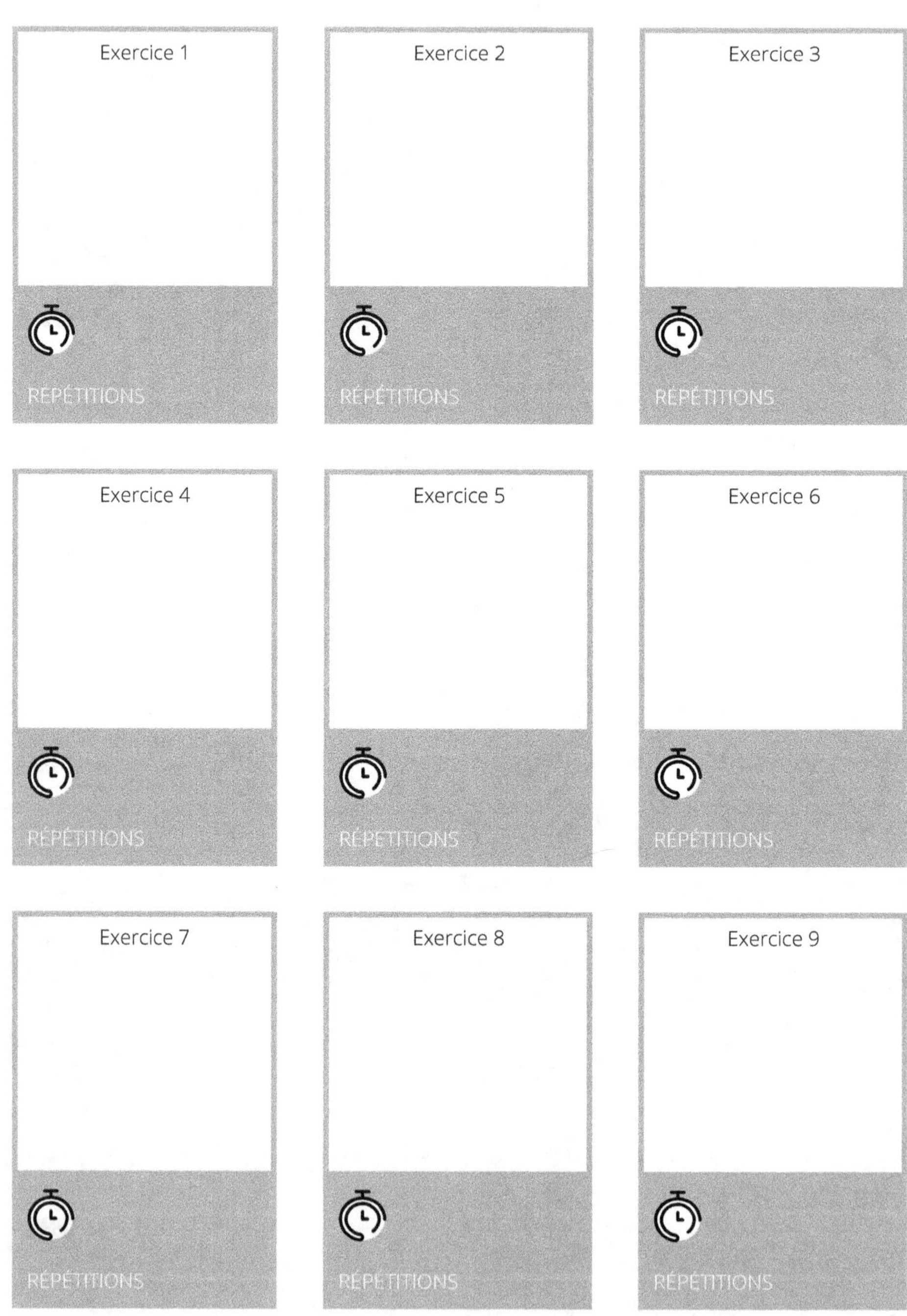

SEMAINE 7 - JOUR 5

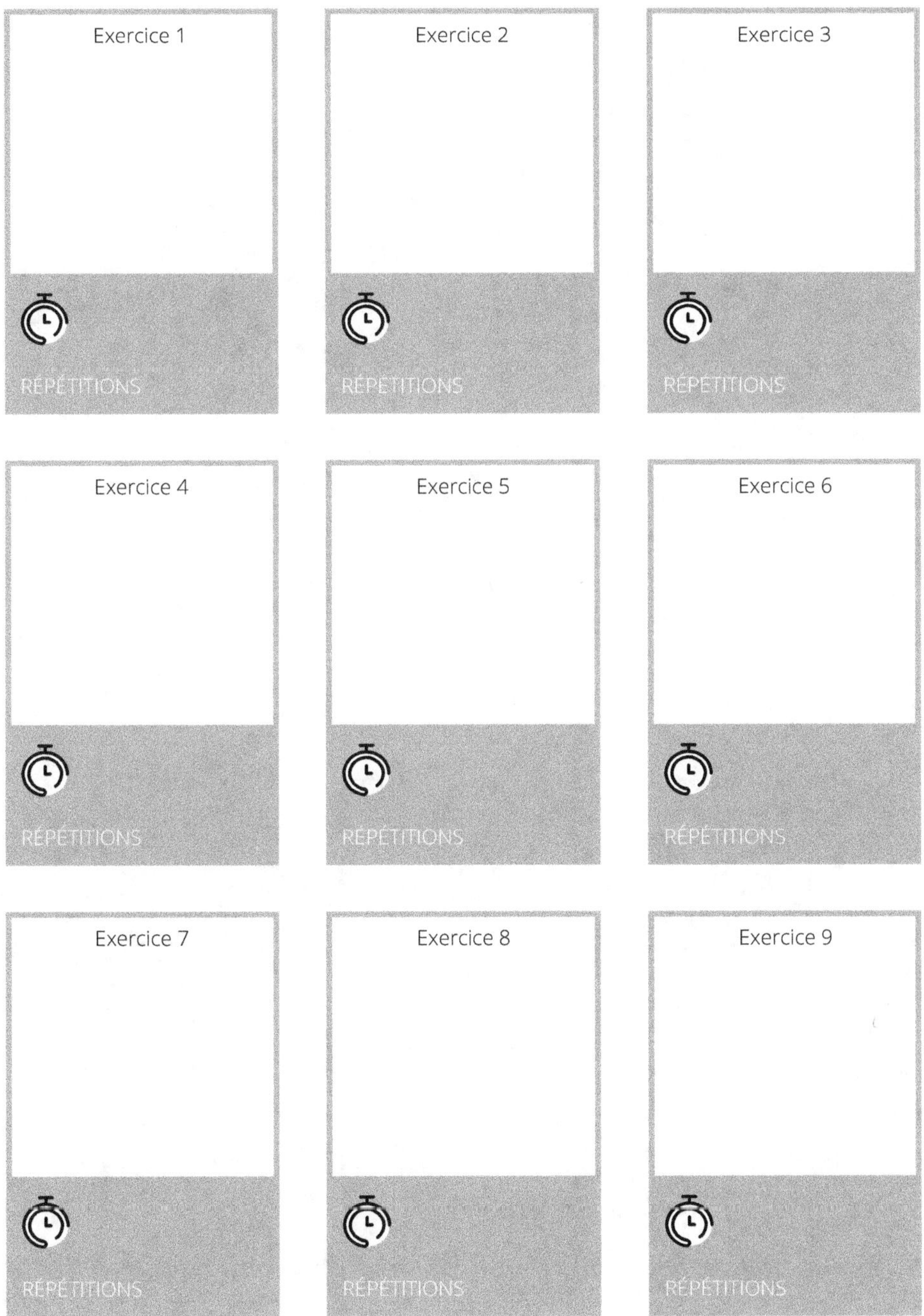

SEMAINE 7 - JOUR 6

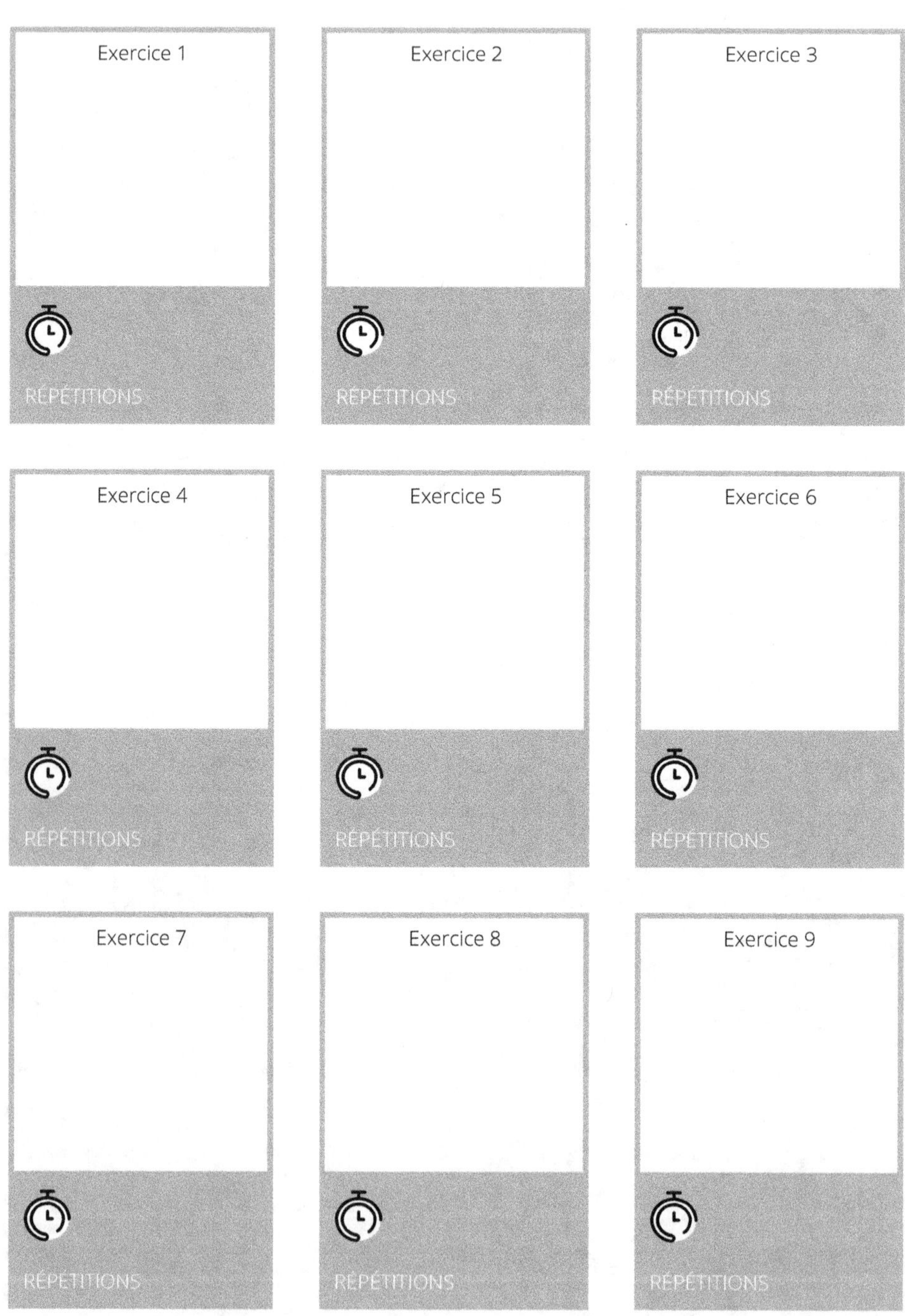

SEMAINE 7 - JOUR 7

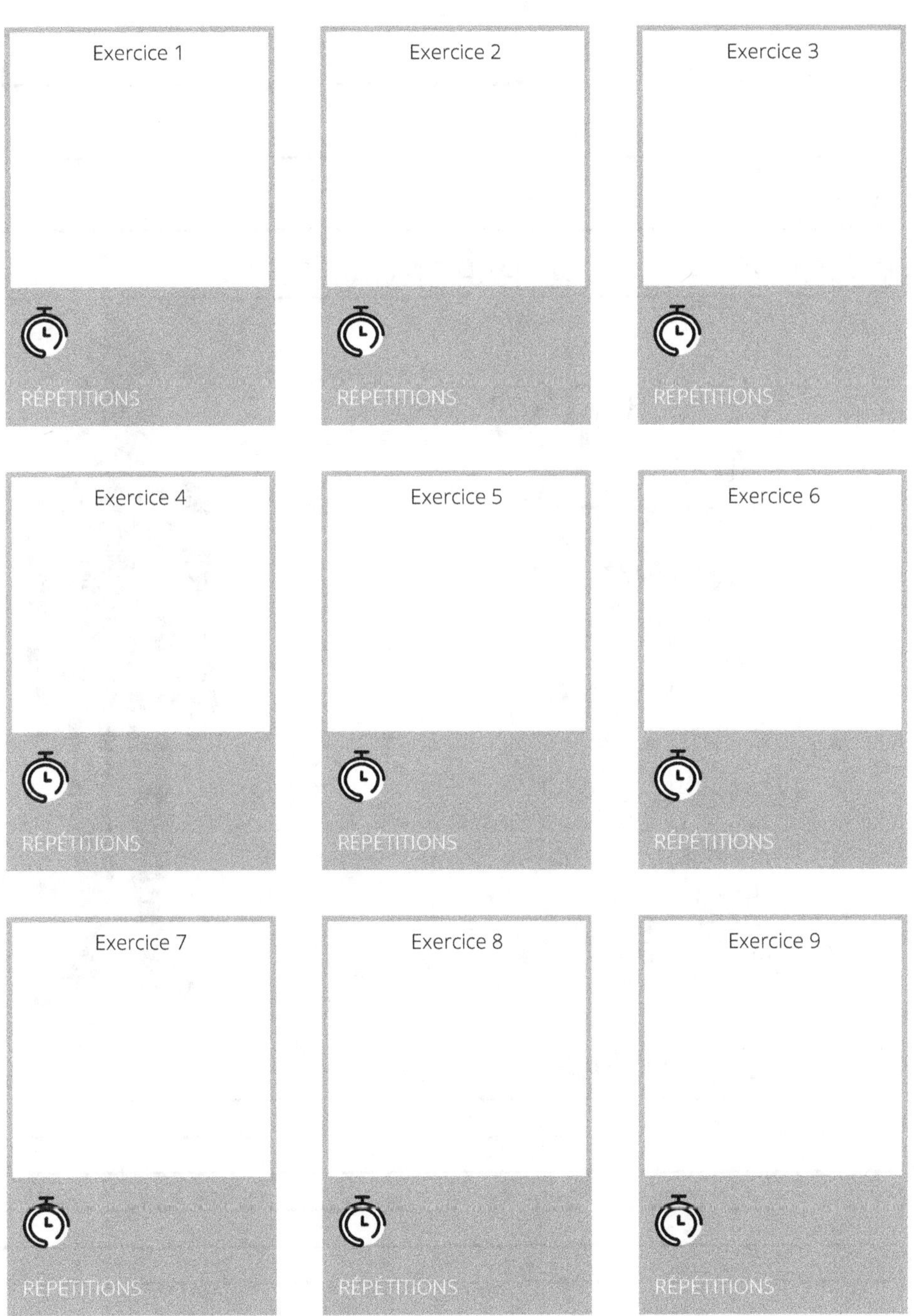

BILAN SEMAINE 7

ÂGE : ___________________________

TAILLE : ___________________________

POIDS : ___________________________

DURÉE DE SPORT PAR SEMAINE : ___________________________

MENSURATIONS

1 - ÉPAULES
2 - BICEPS
3 - AVANT BRAS
4 - POITRINE
5 - SOUS POITRINE
6 - TAILLE
7 - HANCHES
8 - FESSES
9 - CUISSES
10 - MOLLETS

MON RESSENTI GLOBAL

____
____
____
____
____
____

SEMAINE 8

LUNDI
MARDI
MERCREDI
JEUDI
VENDREDI
SAMEDI
DIMANCHE

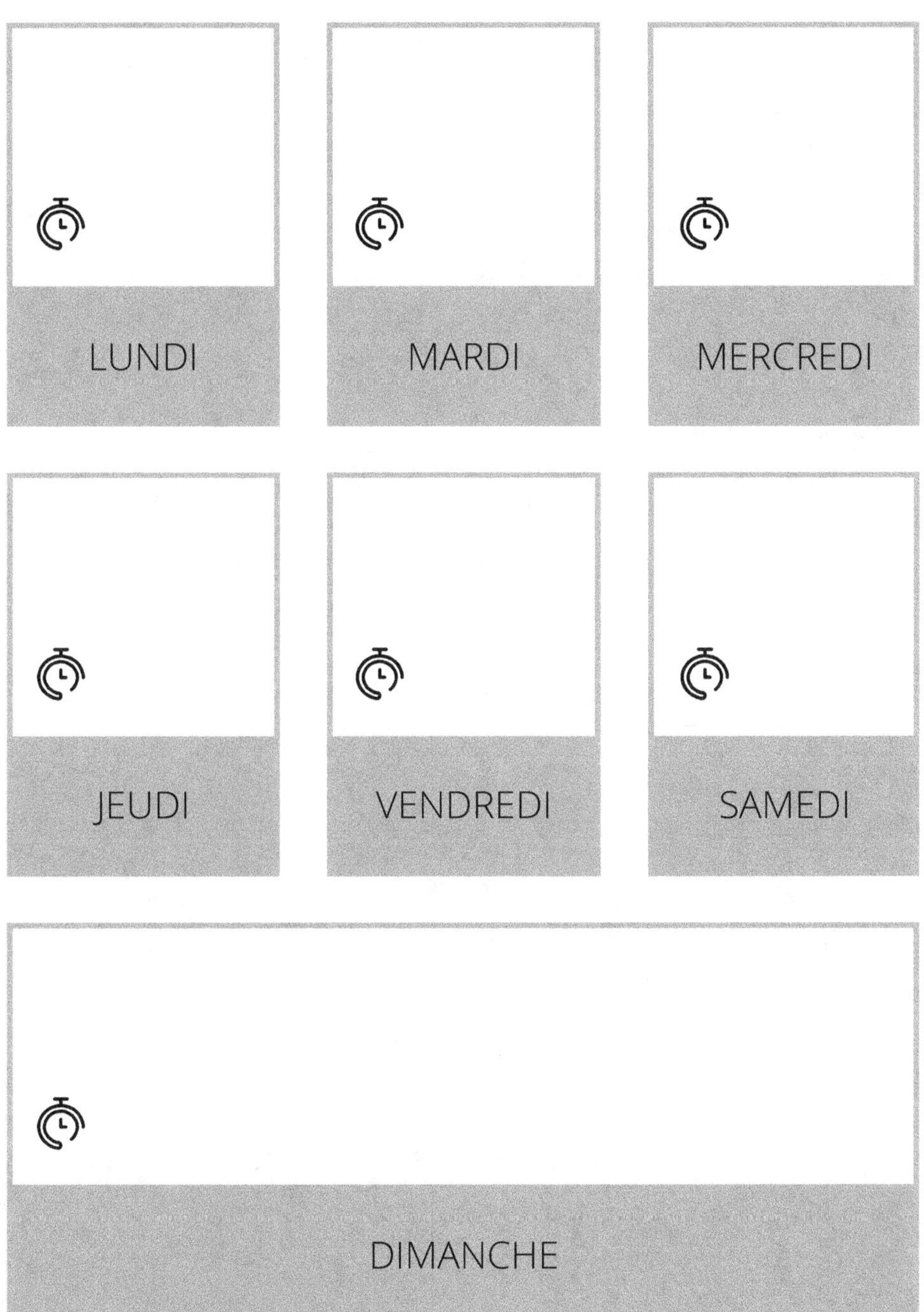

SEMAINE 8 - JOUR 1

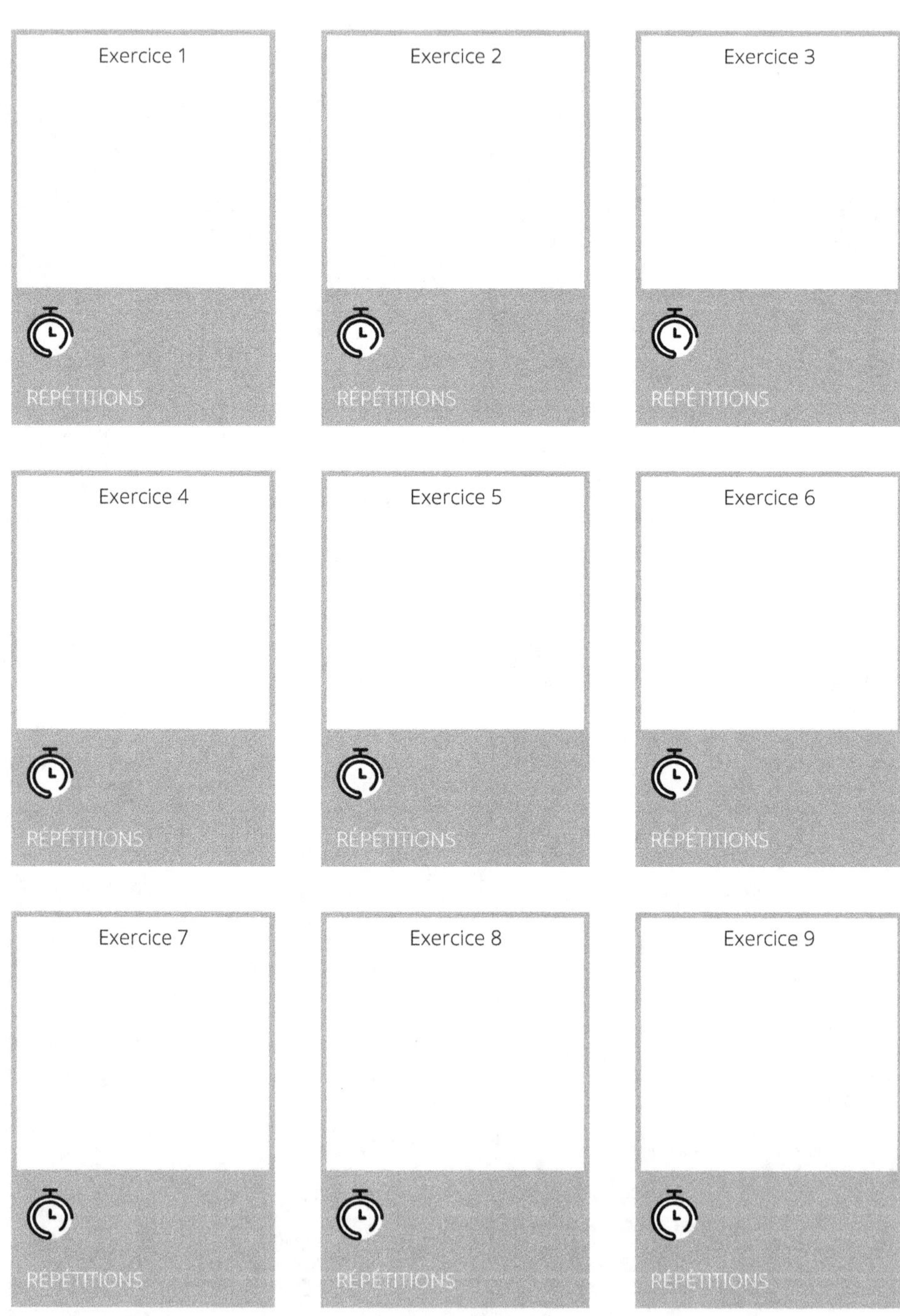

SEMAINE 8 - JOUR 2

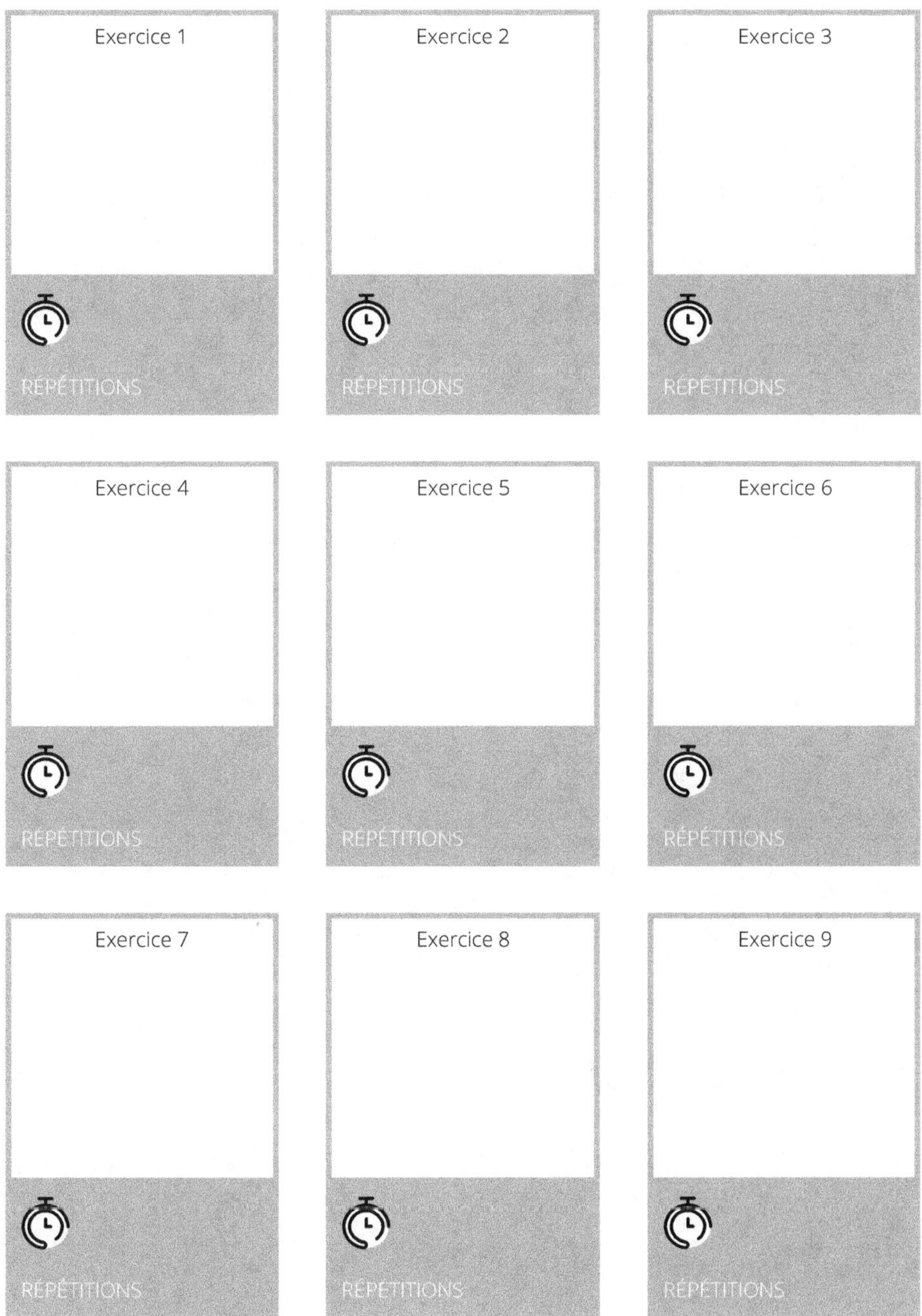

SEMAINE 8 - JOUR 3

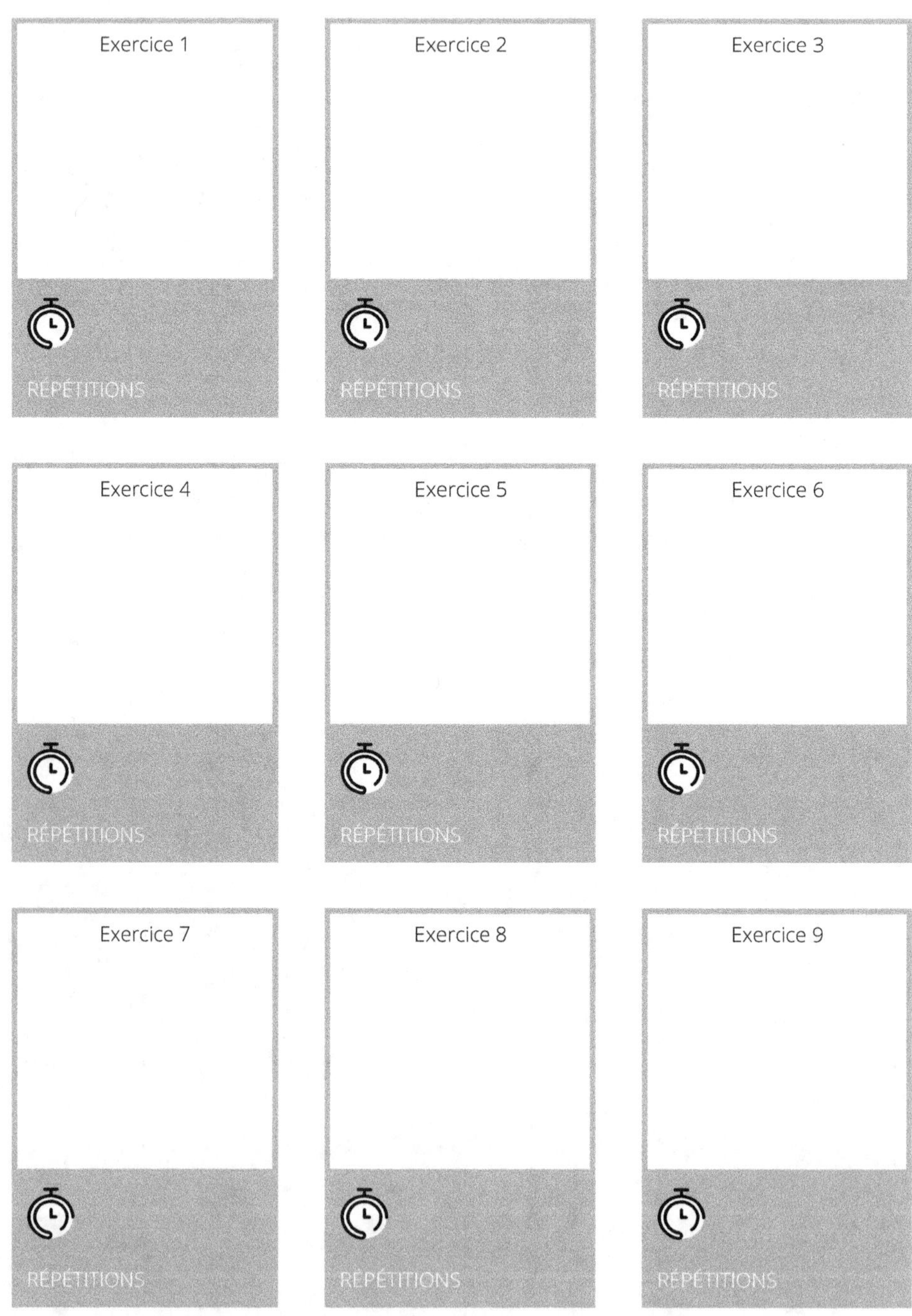

SEMAINE 8 - JOUR 4

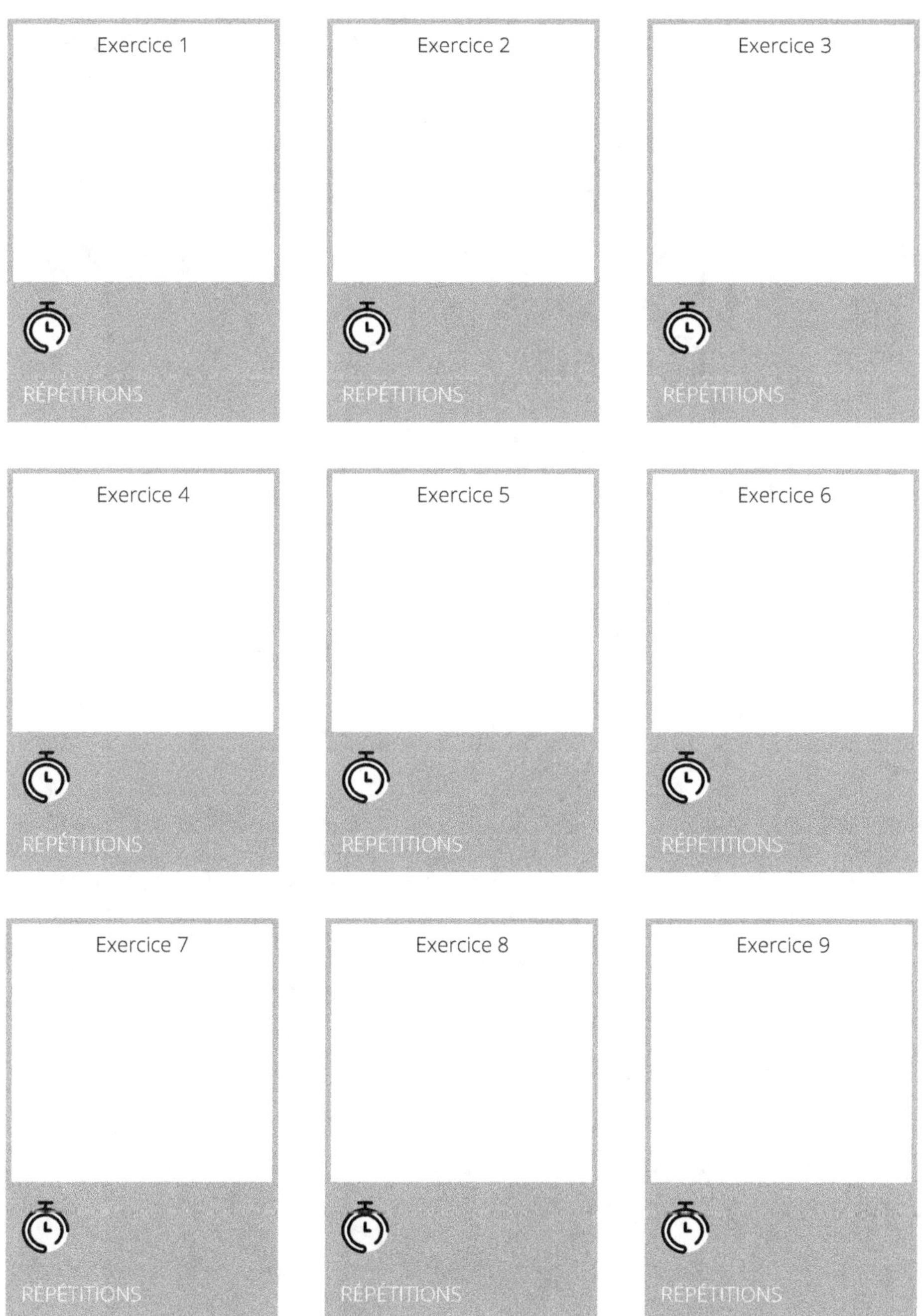

SEMAINE 8 - JOUR 5

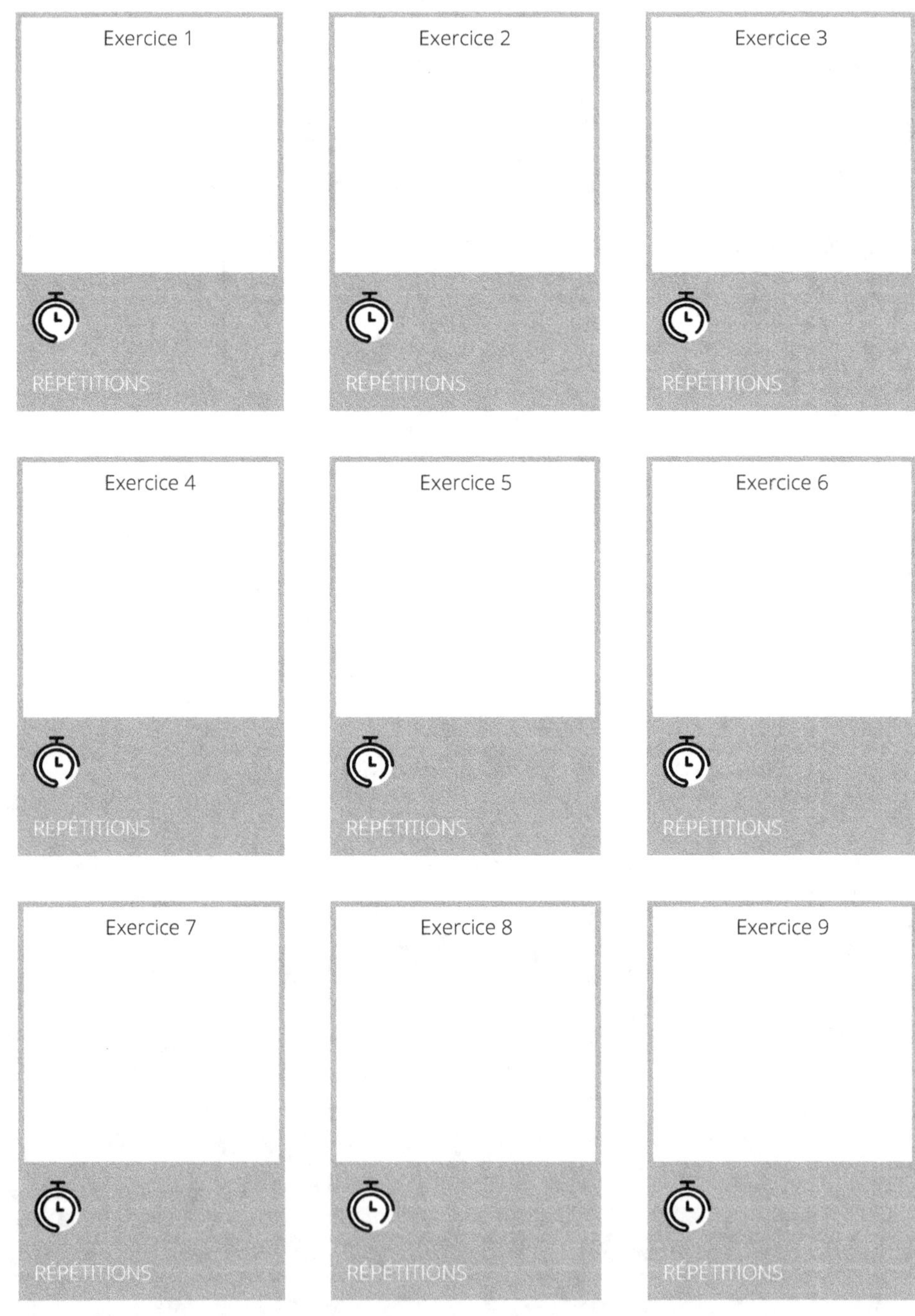

SEMAINE 8 - JOUR 6

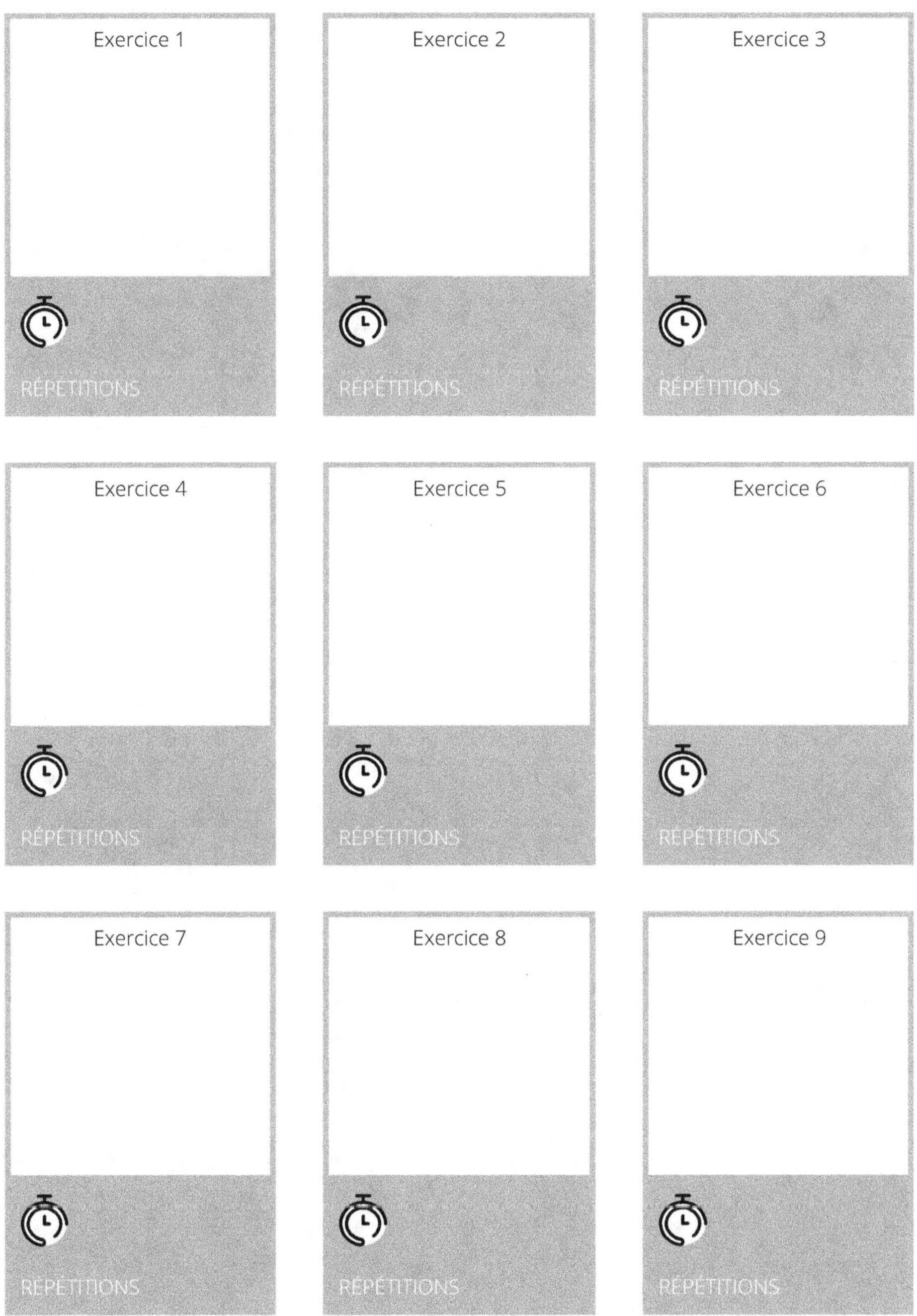

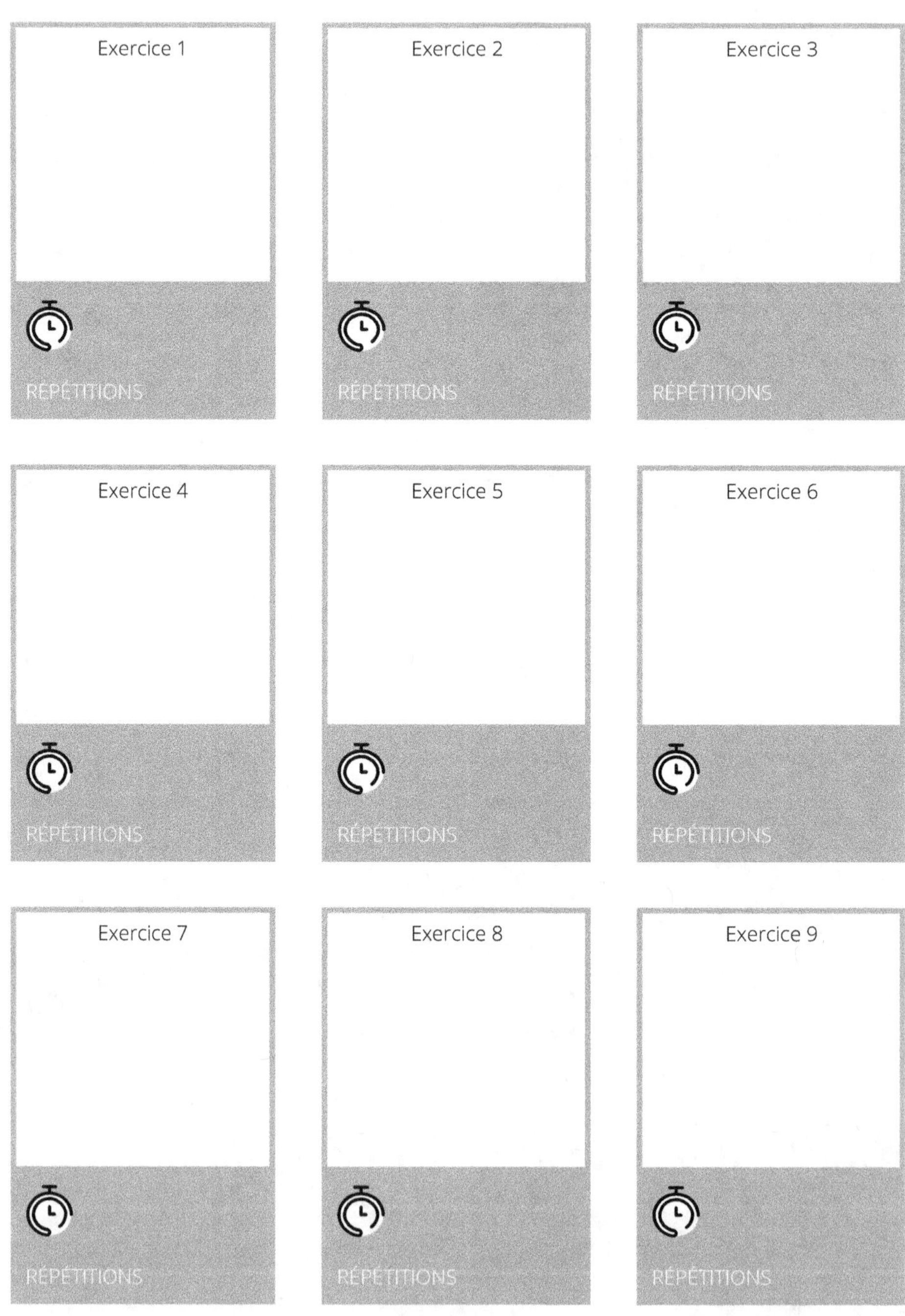

Exercice 1
RÉPÉTITIONS
Exercice 2
RÉPÉTITIONS
Exercice 3
RÉPÉTITIONS
Exercice 4
RÉPÉTITIONS
Exercice 5
RÉPÉTITIONS
Exercice 6
RÉPÉTITIONS
Exercice 7
RÉPÉTITIONS
Exercice 8
RÉPÉTITIONS
Exercice 9
RÉPÉTITIONS

BILAN SEMAINE 8

ÂGE : ____

TAILLE : ____

POIDS : ____

⏱ <u>DURÉE DE SPORT PAR SEMAINE :</u> _______________

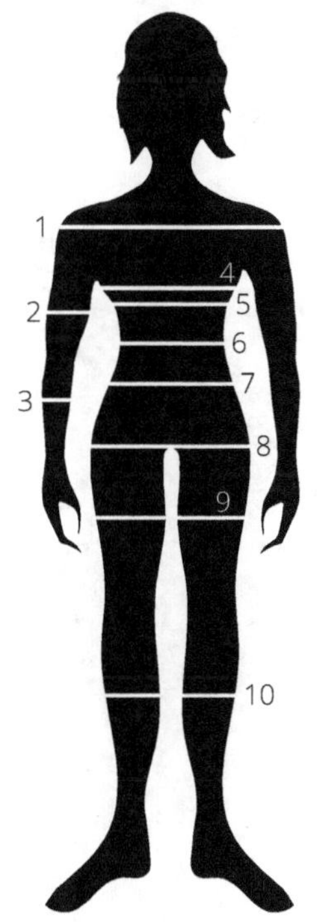

MENSURATIONS

1 - ÉPAULES

2 - BICEPS

3 - AVANT BRAS

4 - POITRINE

5 - SOUS POITRINE

6 - TAILLE

7 - HANCHES

8 - FESSES

9 - CUISSES

10 - MOLLETS

MON RESSENTI GLOBAL

____

____

____

____

____

____

SEMAINE 9

LUNDI
MARDI
MERCREDI
JEUDI
VENDREDI
SAMEDI
DIMANCHE

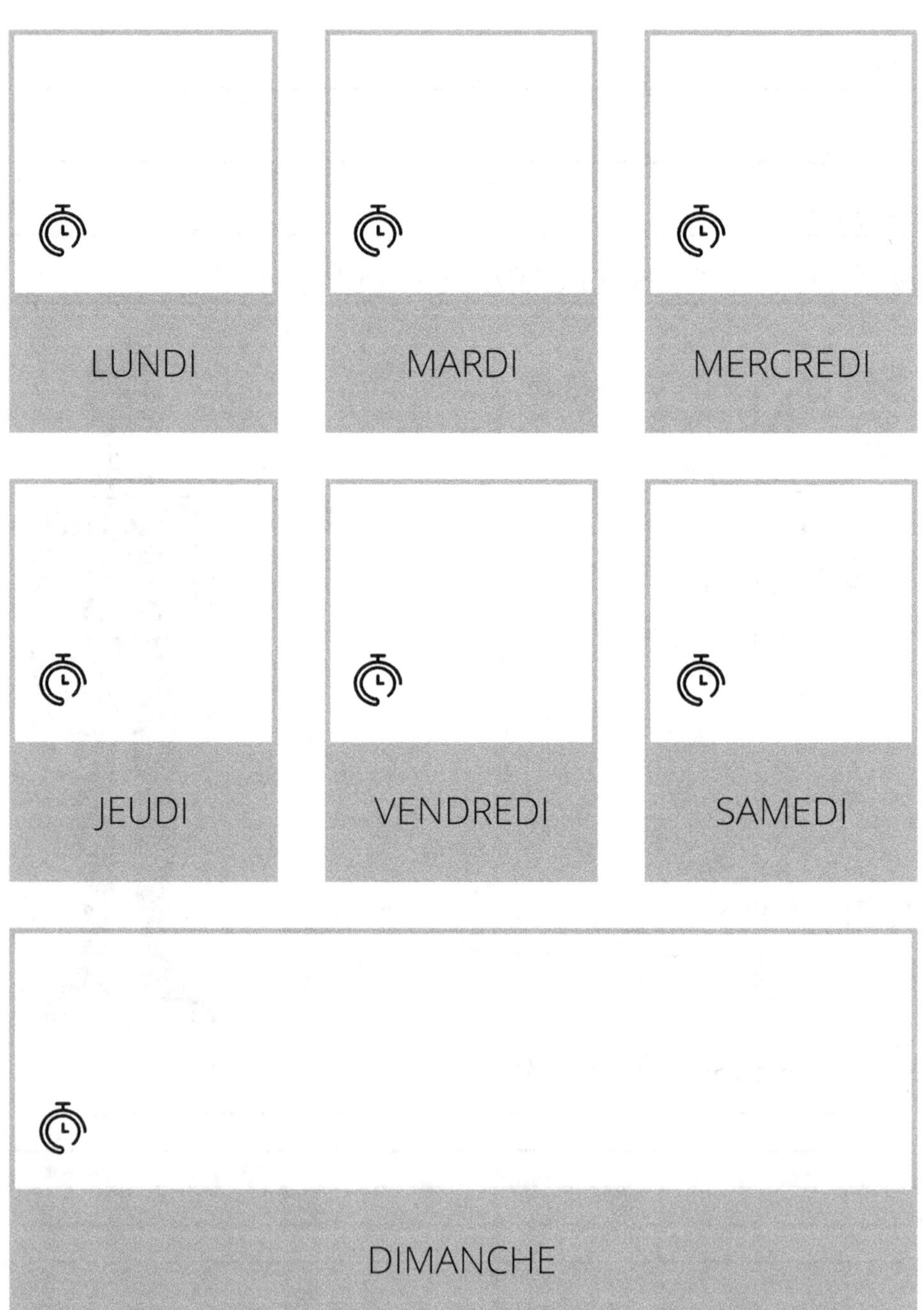

SEMAINE 9 - JOUR 1

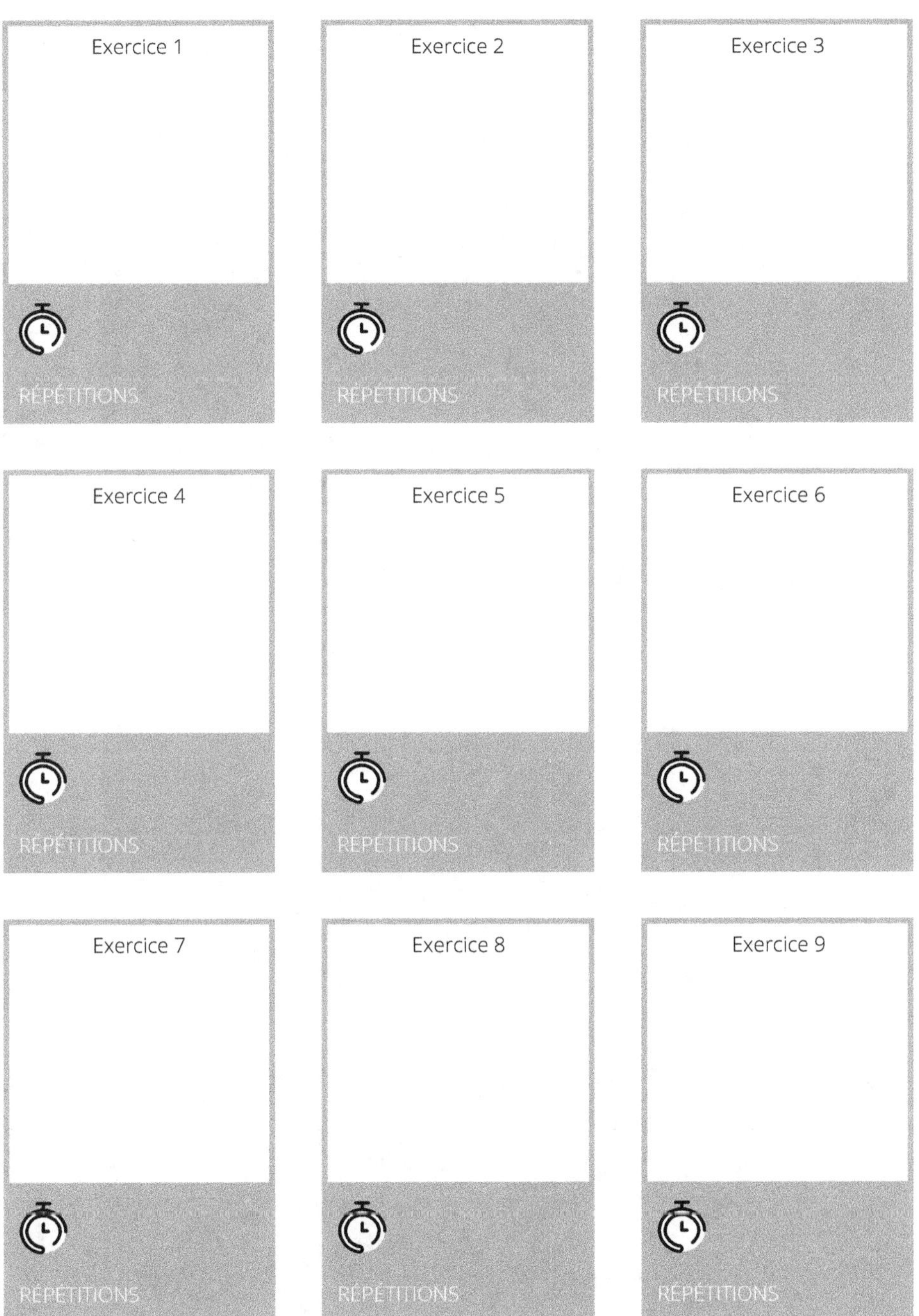

SEMAINE 9 - JOUR 2

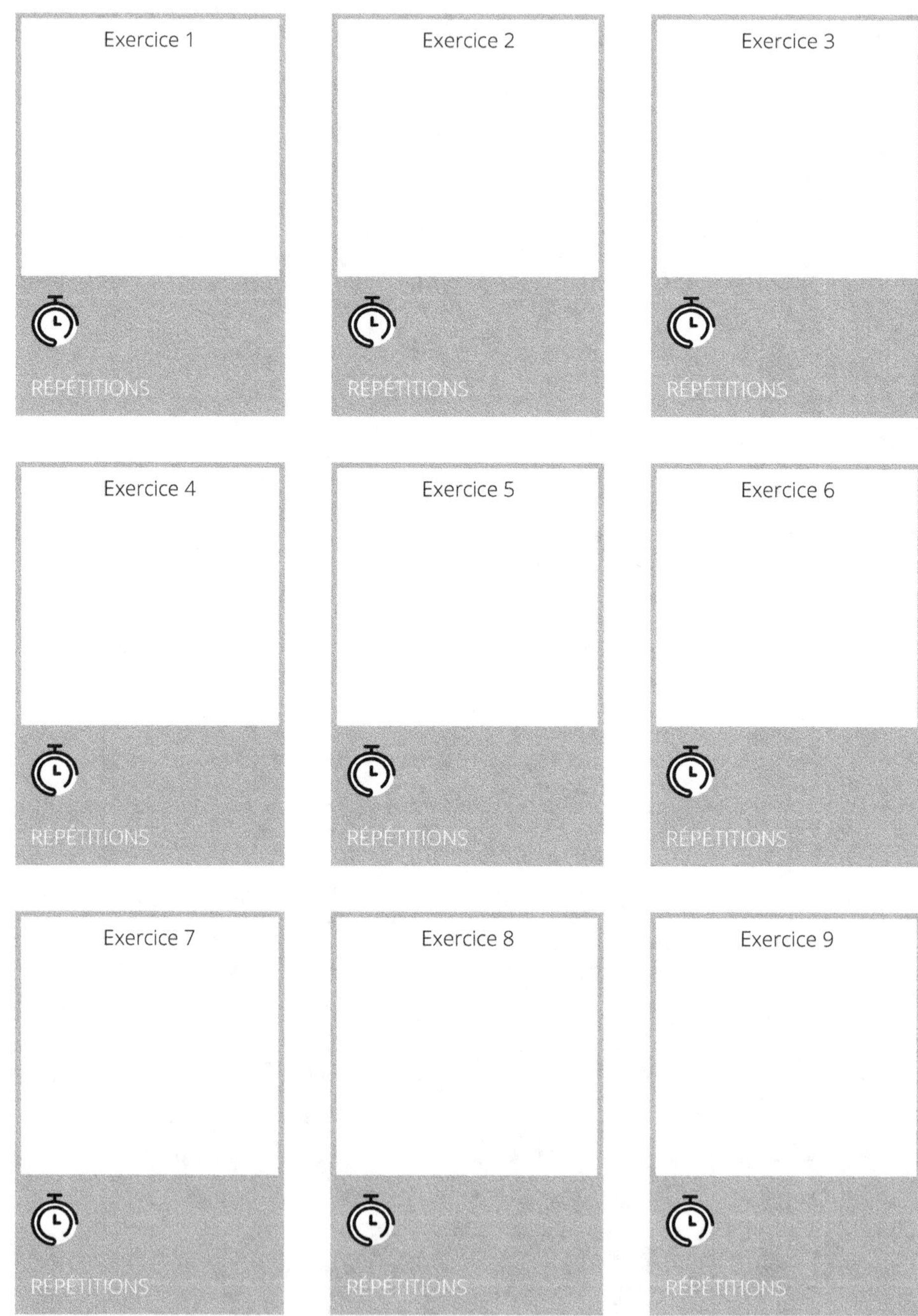

SEMAINE 9 - JOUR 3

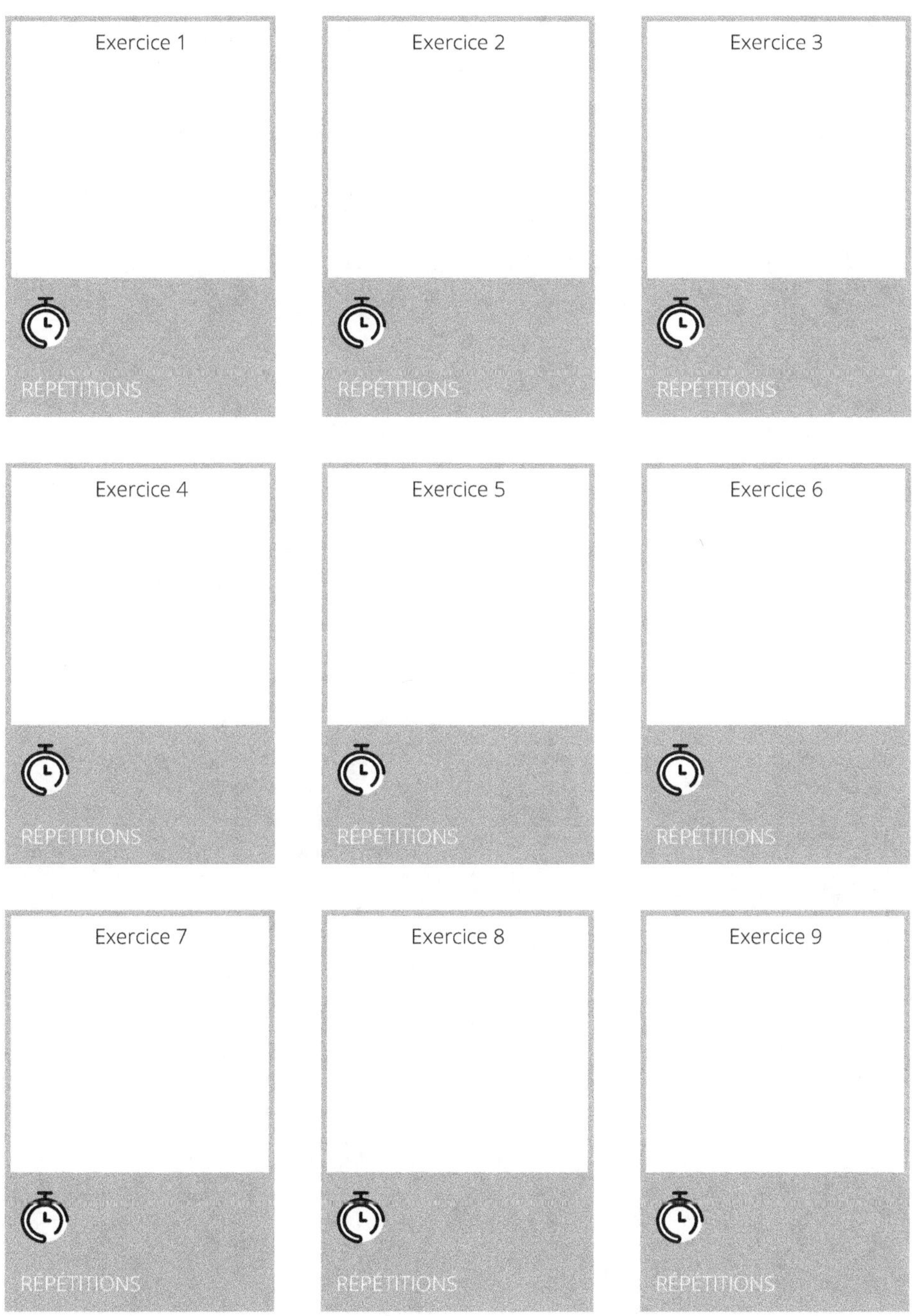

SEMAINE 9 - JOUR 4

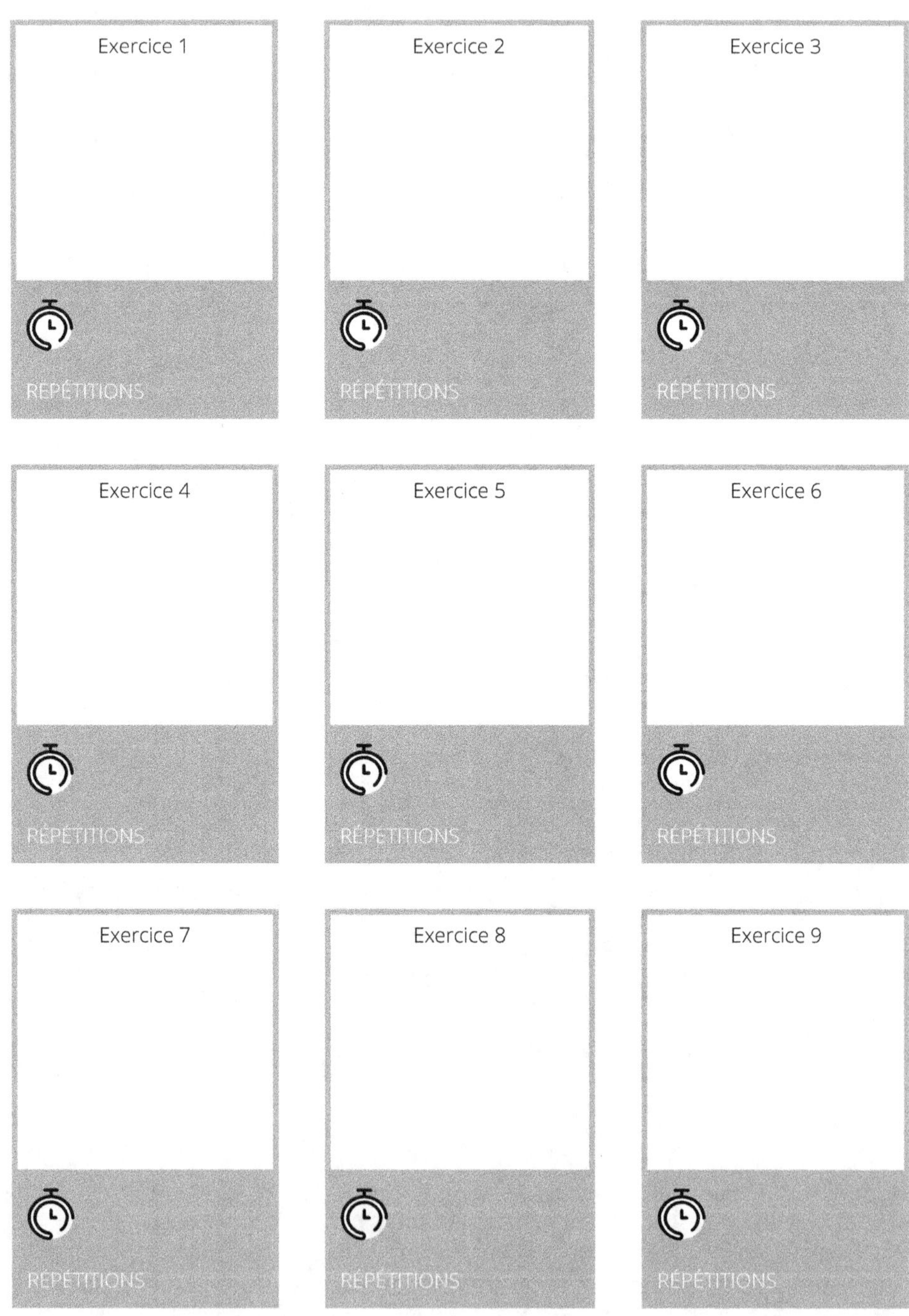

SEMAINE 9 - JOUR 5

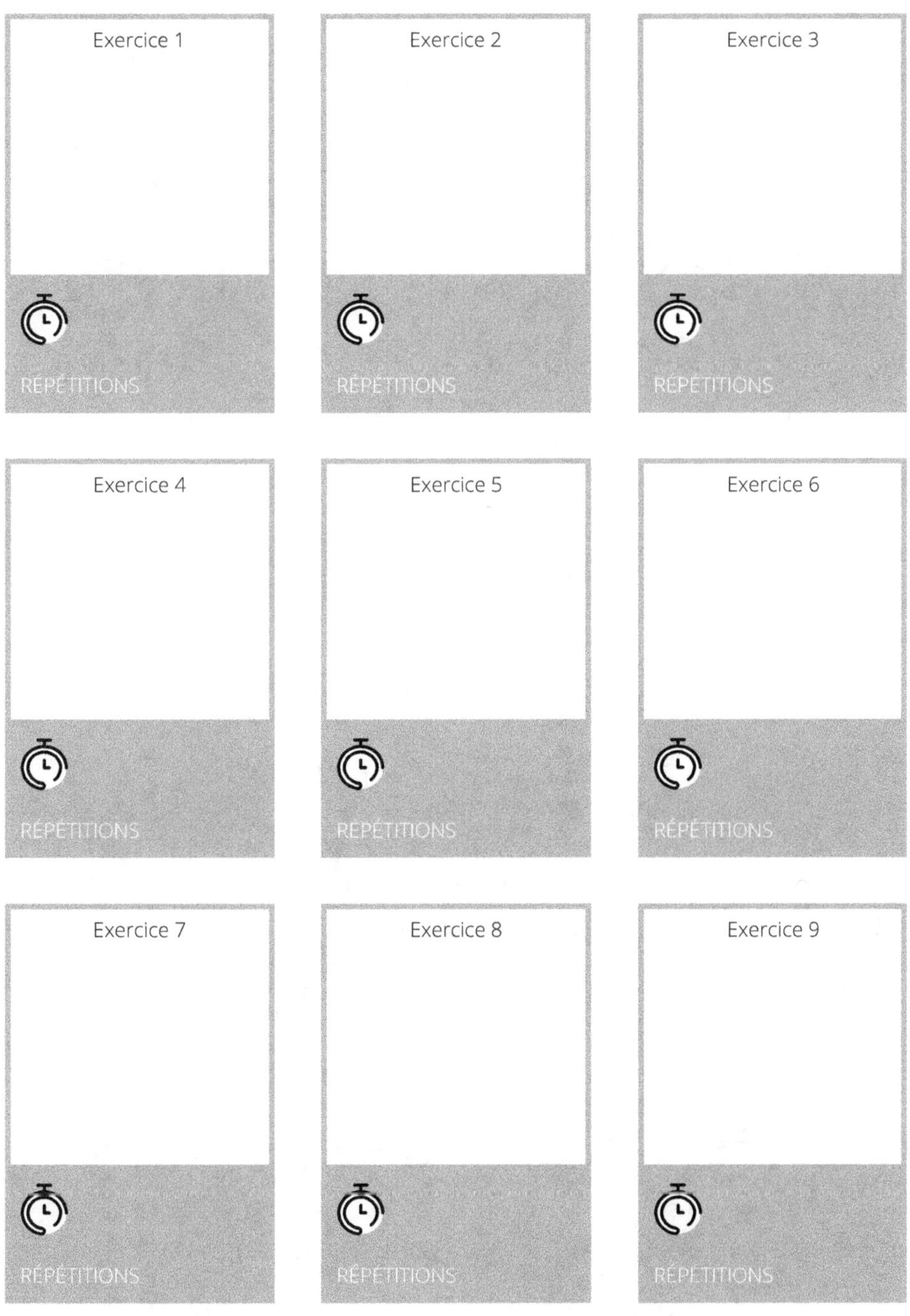

SEMAINE 9 - JOUR 6

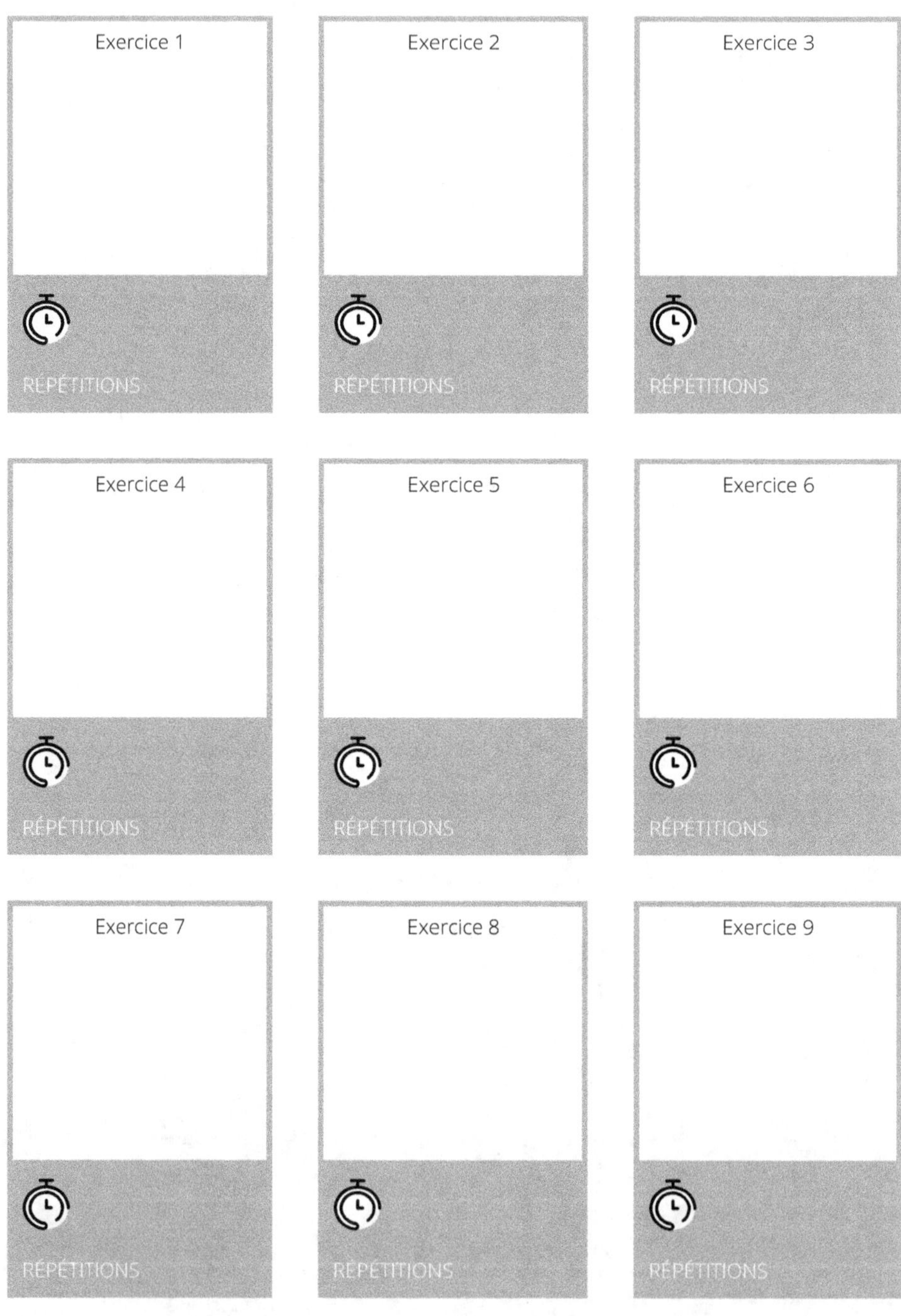

SEMAINE 9 - JOUR 7

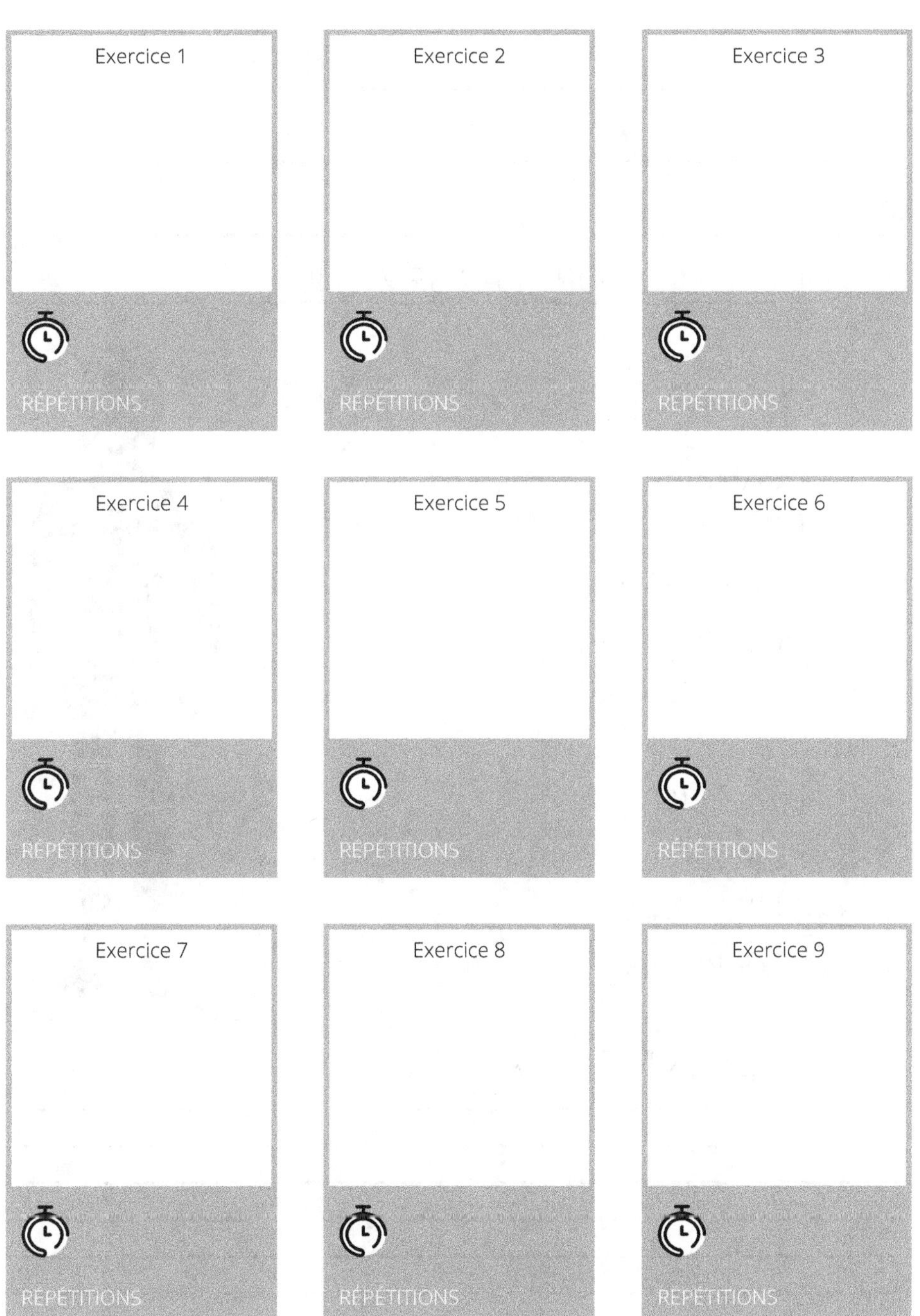

BILAN SEMAINE 9

ÂGE : ___________________________

TAILLE : ___________________________

POIDS : ___________________________

🕑 DURÉE DE SPORT PAR SEMAINE : ___________________________

MENSURATIONS

1 - ÉPAULES
2 - BICEPS
3 - AVANT BRAS
4 - POITRINE
5 - SOUS POITRINE
6 - TAILLE
7 - HANCHES
8 - FESSES
9 - CUISSES
10 - MOLLETS

MON RESSENTI GLOBAL

____
____
____
____
____
____

SEMAINE 10

LUNDI
MARDI
MERCREDI
JEUDI
VENDREDI
SAMEDI
DIMANCHE

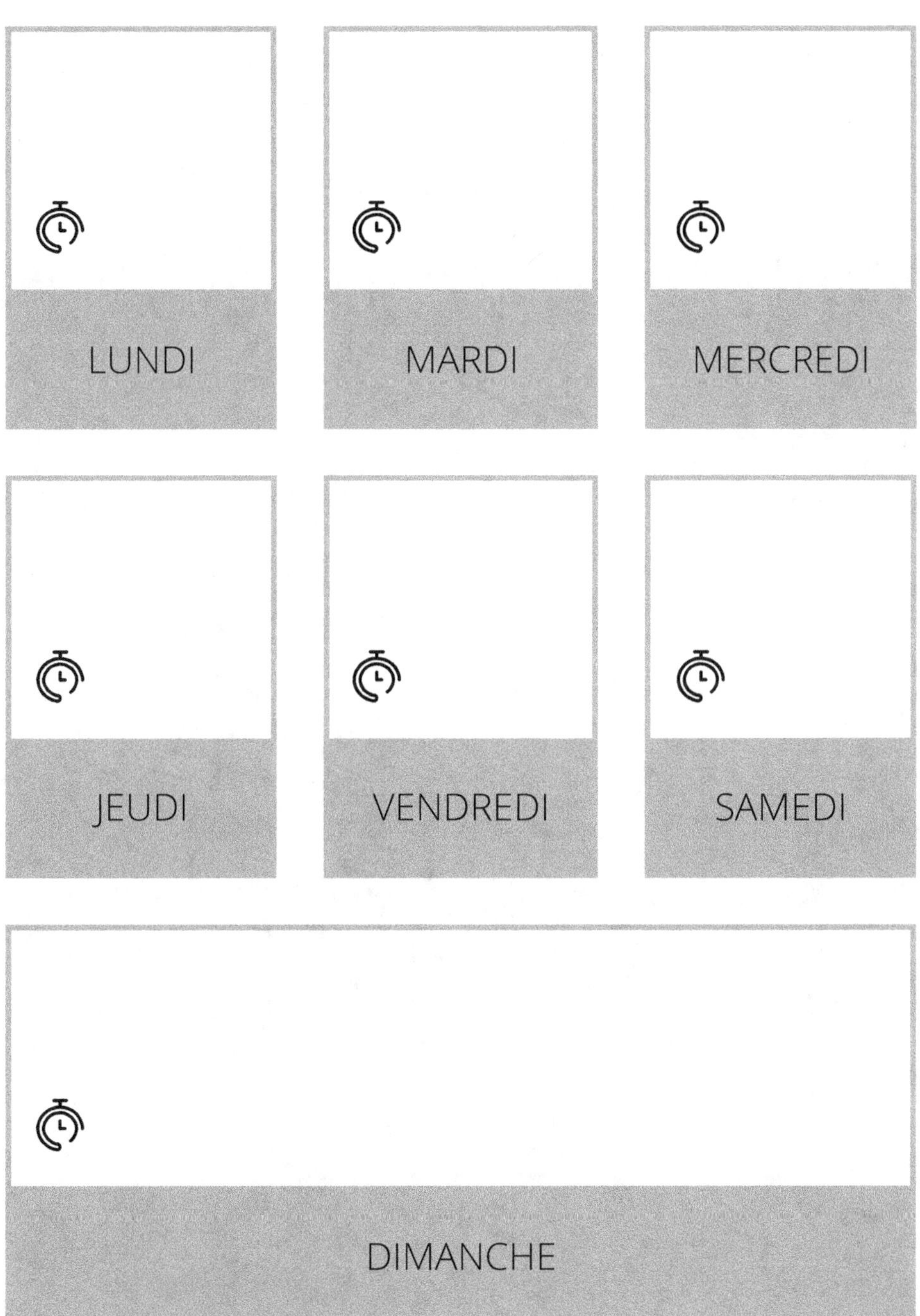

SEMAINE 10 - JOUR 1

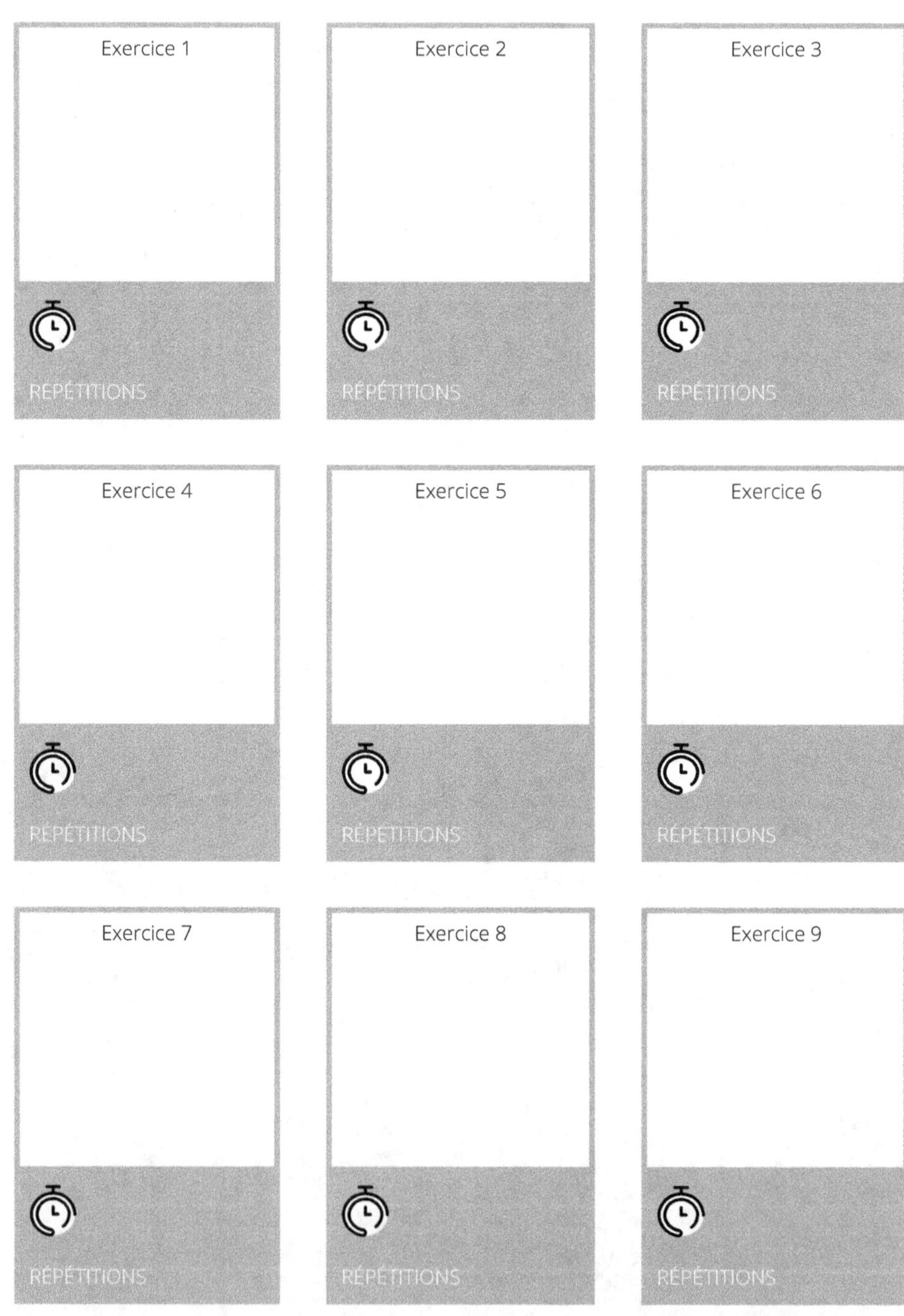

SEMAINE 10 - JOUR 2

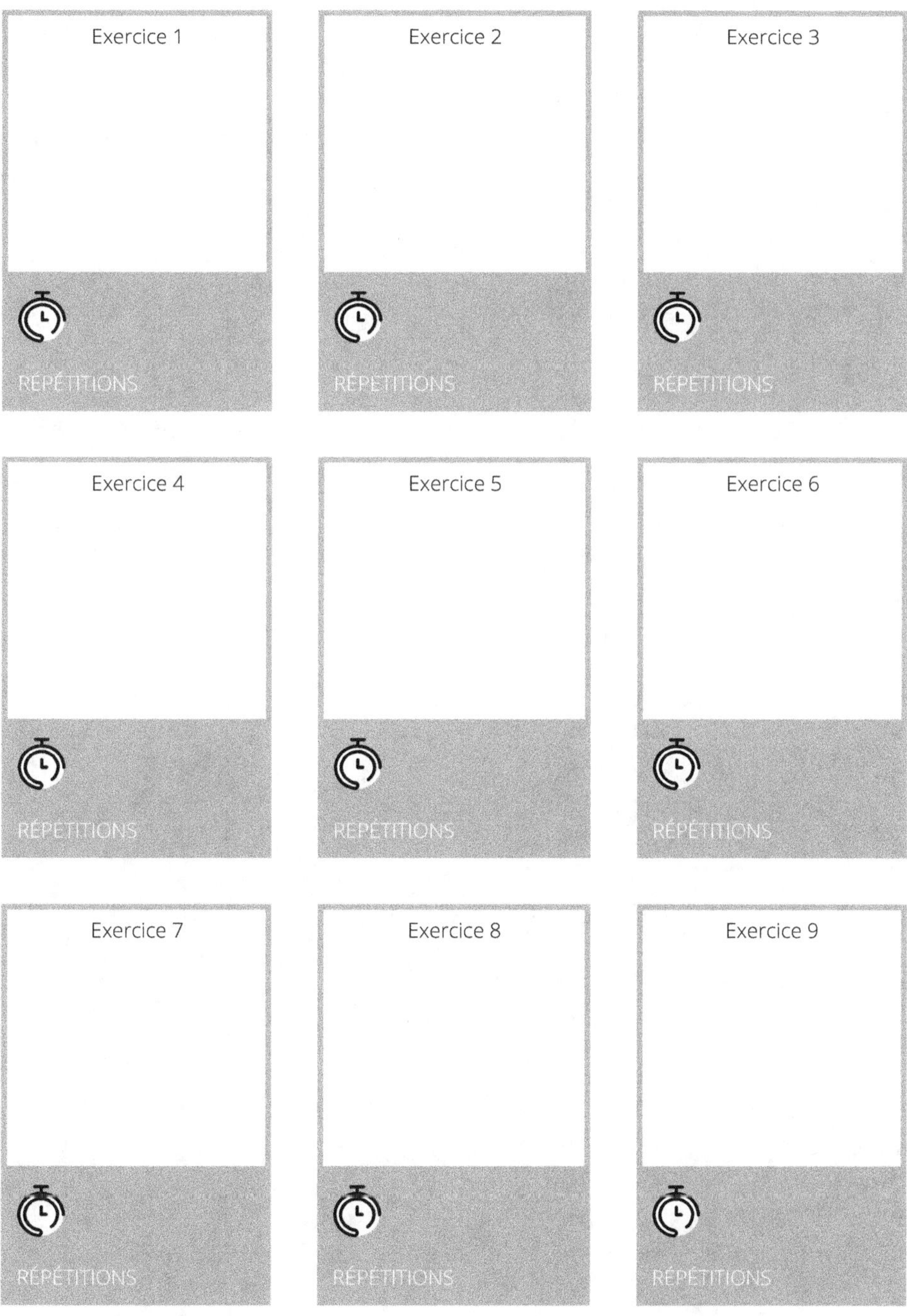

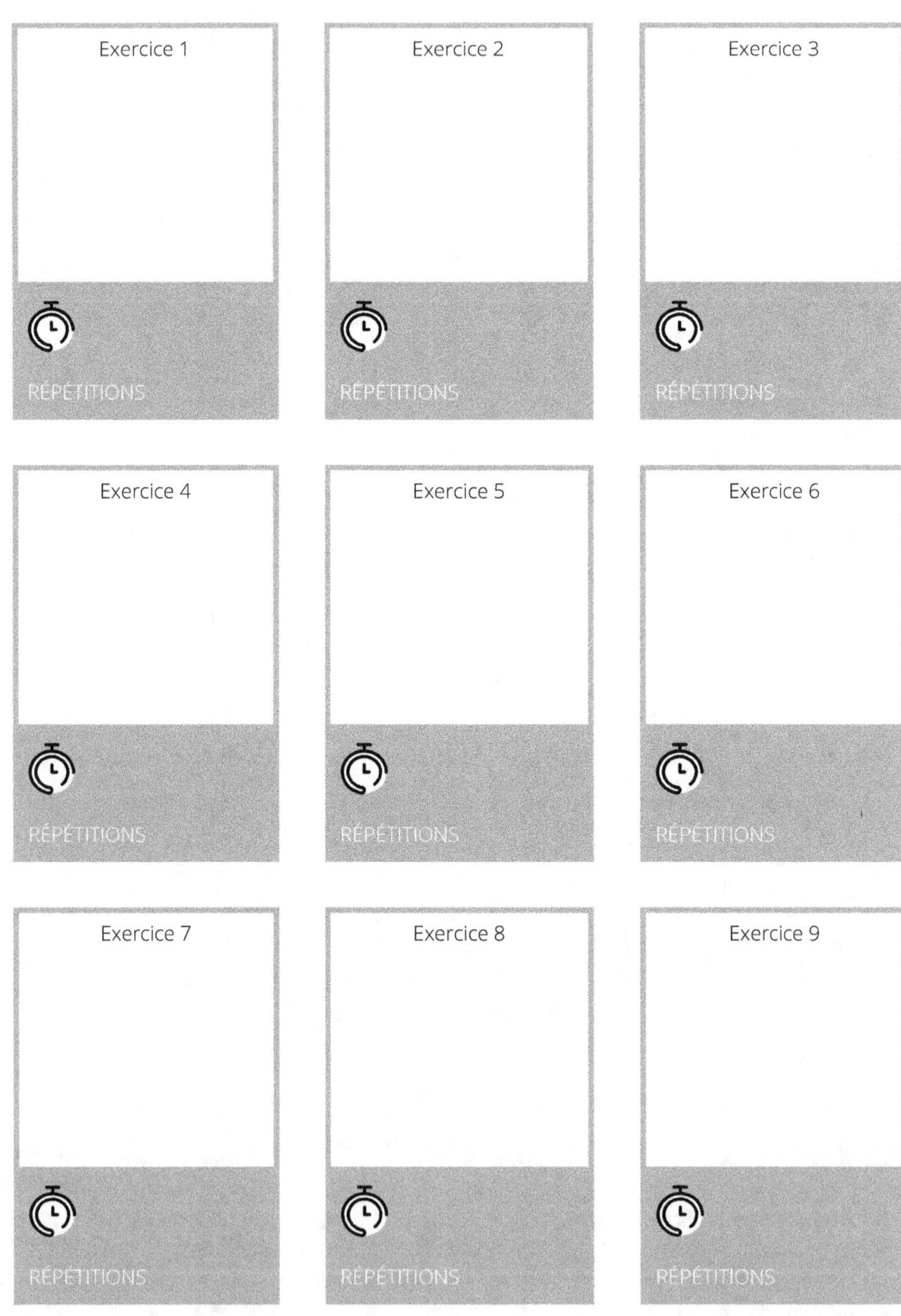

Exercice 1
RÉPÉTITIONS
Exercice 2
RÉPÉTITIONS
Exercice 3
RÉPÉTITIONS
Exercice 4
RÉPÉTITIONS
Exercice 5
RÉPÉTITIONS
Exercice 6
RÉPÉTITIONS
Exercice 7
RÉPÉTITIONS
Exercice 8
RÉPÉTITIONS
Exercice 9
RÉPÉTITIONS

SEMAINE 10 - JOUR 4

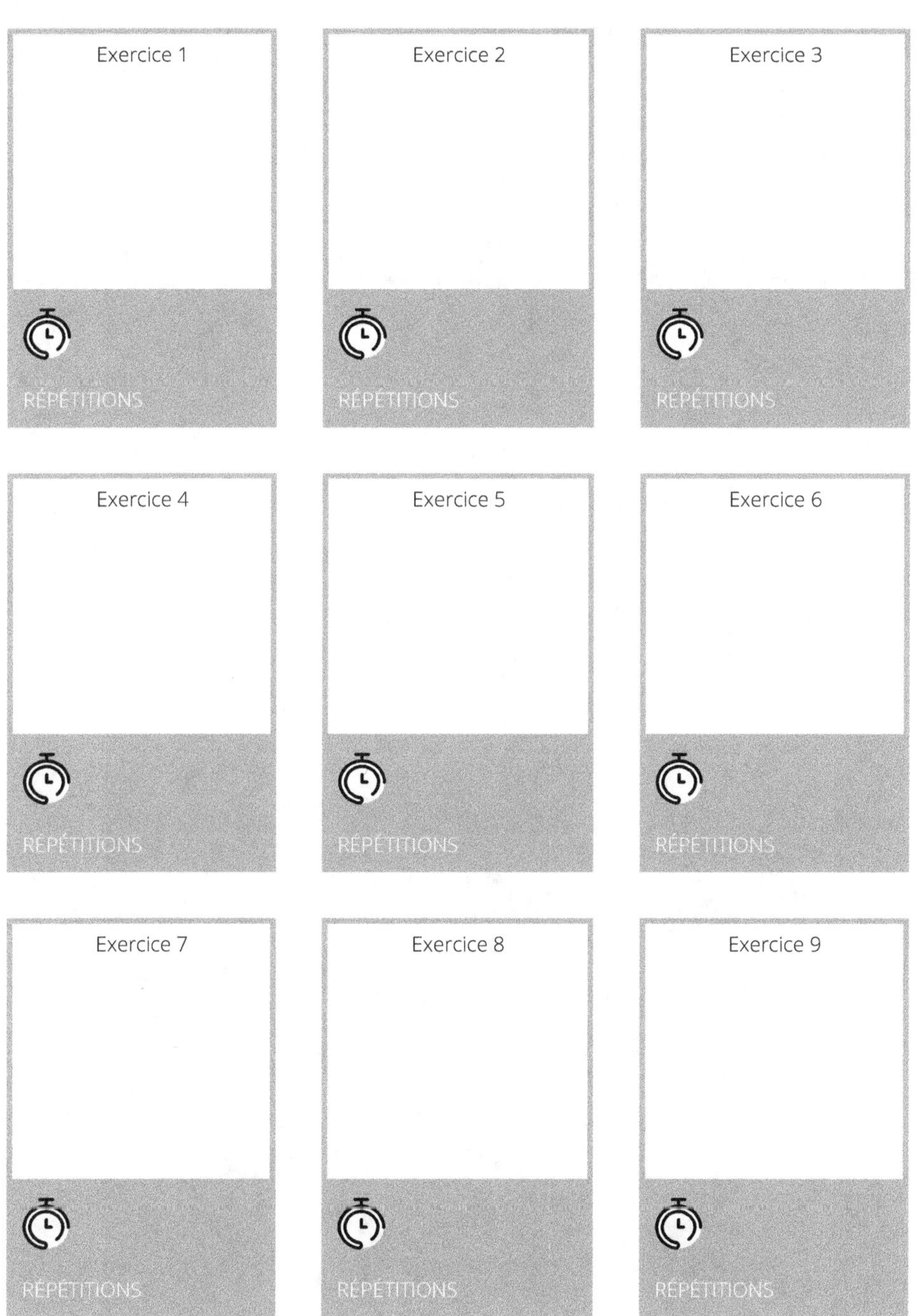

SEMAINE 10 - JOUR 5

SEMAINE 10 - JOUR 6

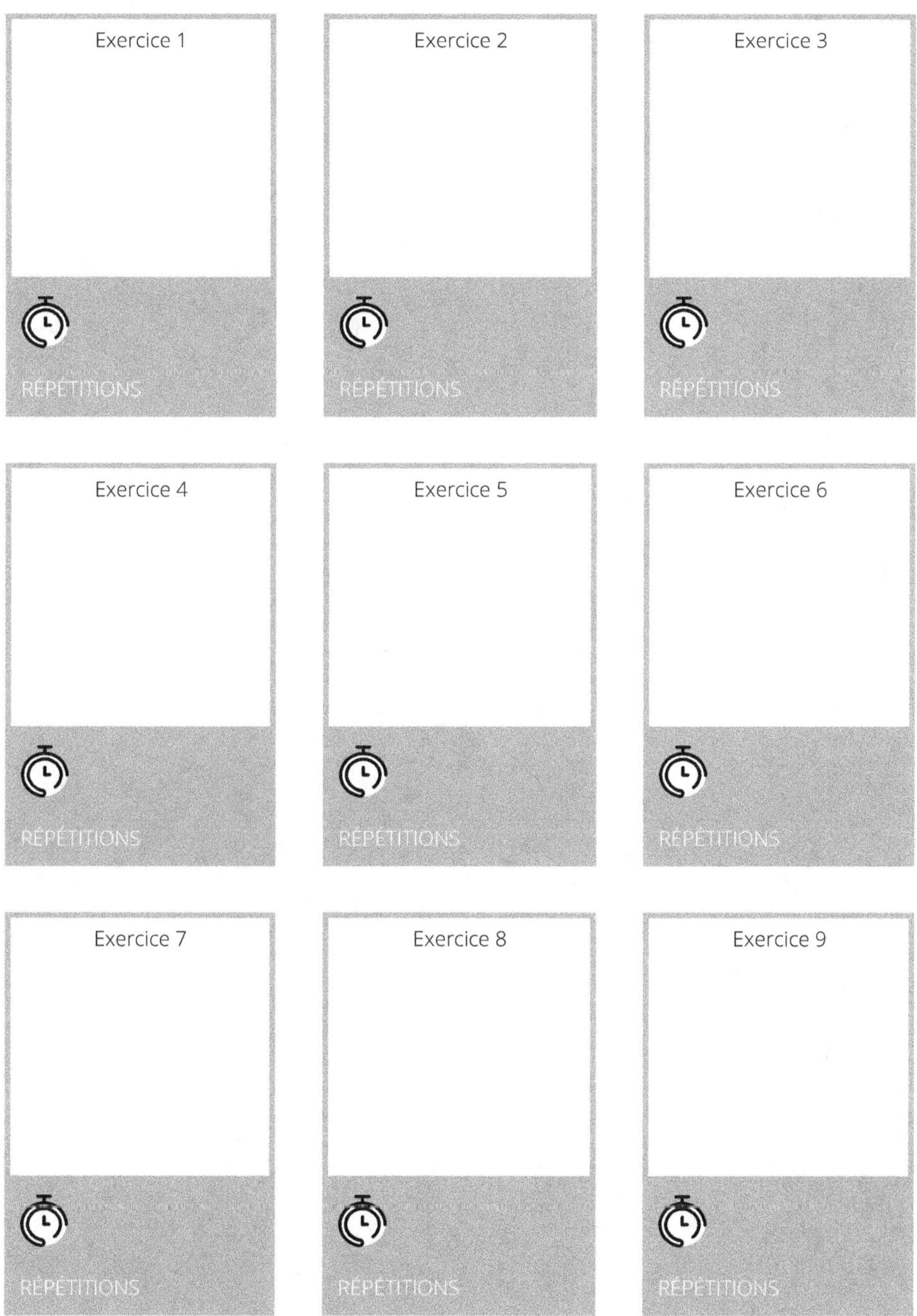

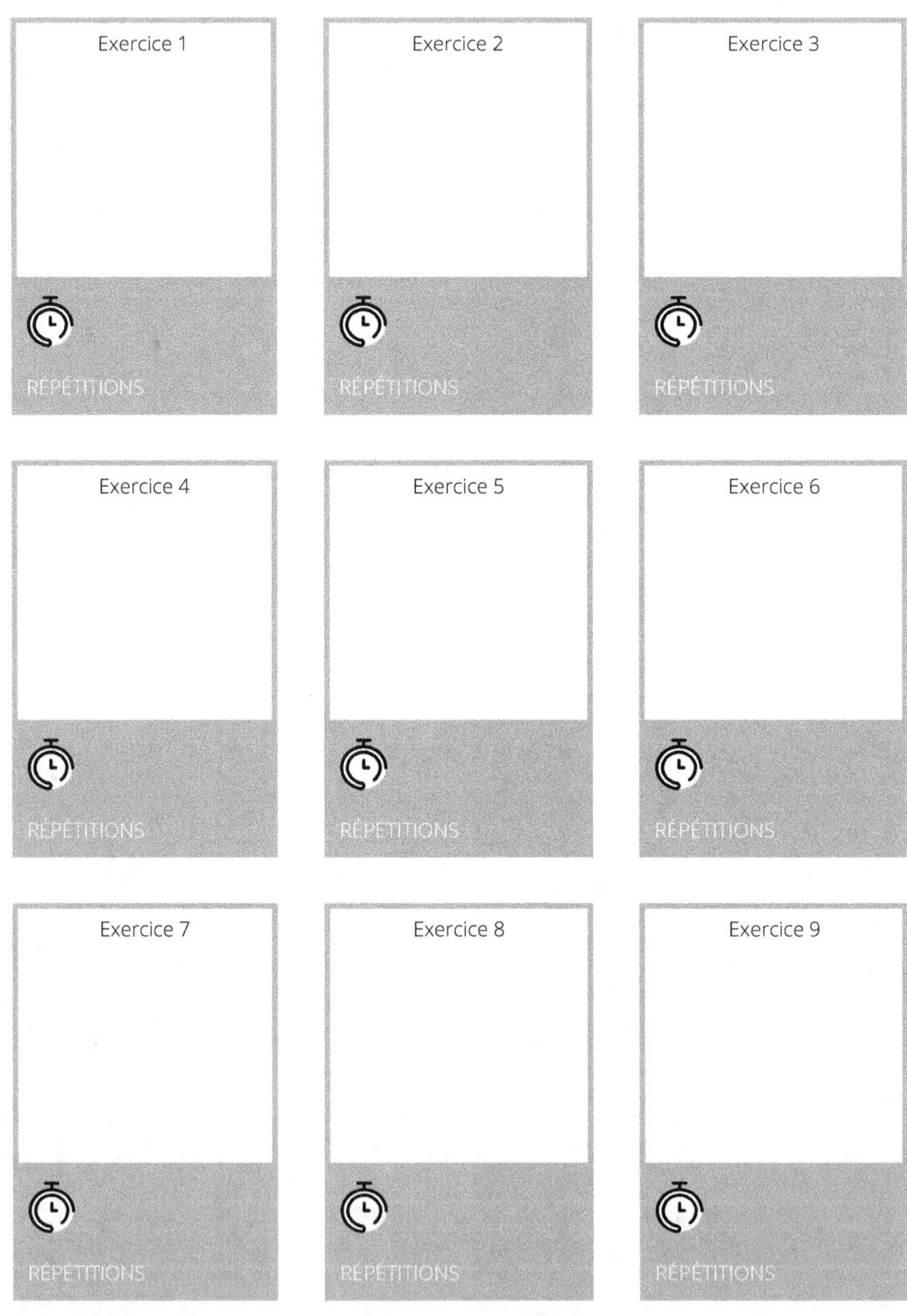

Exercice 1
RÉPÉTITIONS
Exercice 2
RÉPÉTITIONS
Exercice 3
RÉPÉTITIONS
Exercice 4
RÉPÉTITIONS
Exercice 5
RÉPÉTITIONS
Exercice 6
RÉPÉTITIONS
Exercice 7
RÉPÉTITIONS
Exercice 8
RÉPÉTITIONS
Exercice 9
RÉPÉTITIONS

BILAN SEMAINE 10

ÂGE : _______________________________

TAILLE : _______________________________

POIDS : _______________________________

🕐 DURÉE DE SPORT PAR SEMAINE : _______________________________

MENSURATIONS

1 - ÉPAULES
2 - BICEPS
3 - AVANT BRAS
4 - POITRINE
5 - SOUS POITRINE
6 - TAILLE
7 - HANCHES
8 - FESSES
9 - CUISSES
10 - MOLLETS

MON RESSENTI GLOBAL

____
____
____
____
____
____

SEMAINE 11

LUNDI
MARDI
MERCREDI
JEUDI
VENDREDI
SAMEDI
DIMANCHE

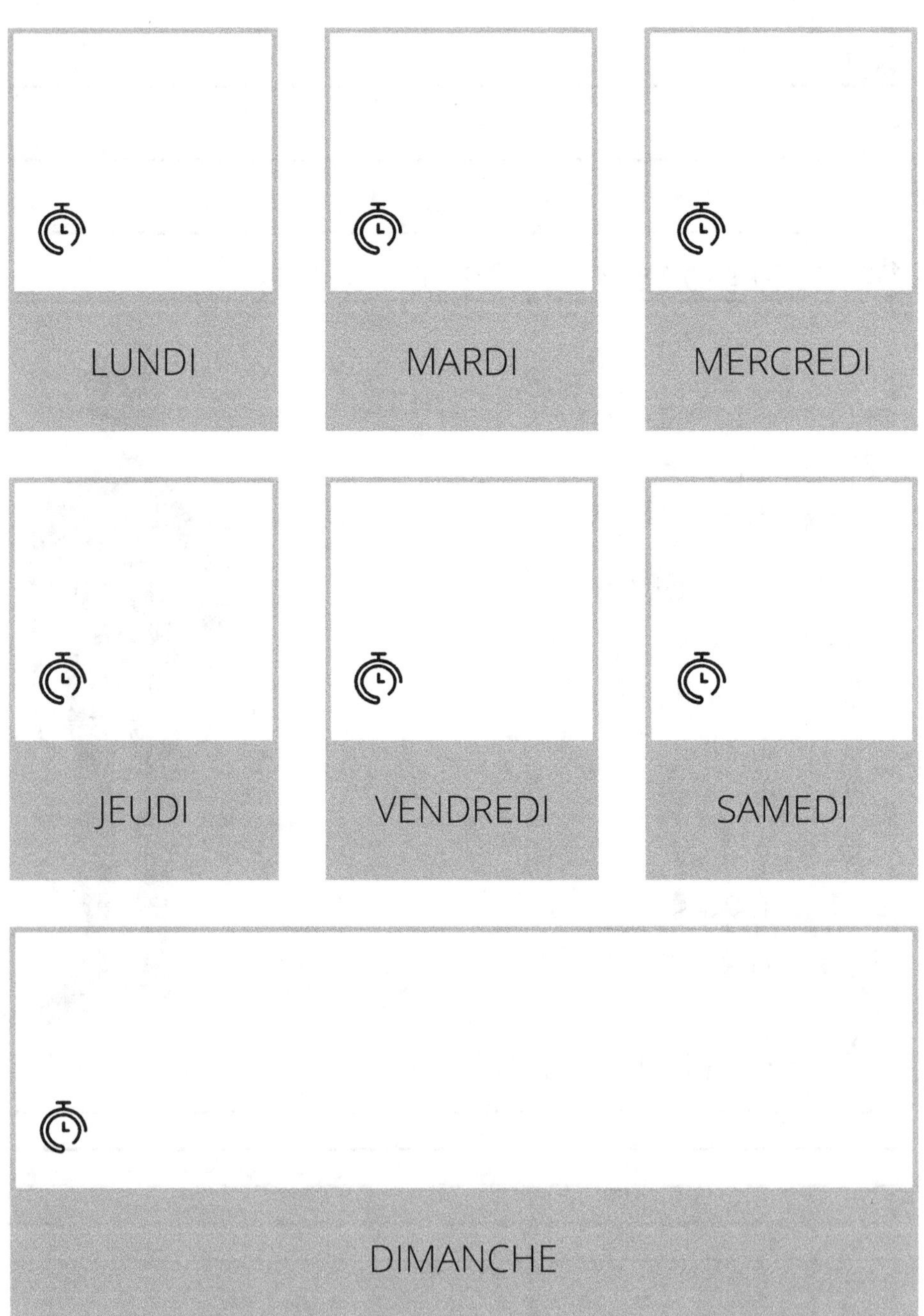

SEMAINE 11 - JOUR 1

Exercice 1	Exercice 2	Exercice 3
RÉPÉTITIONS	RÉPÉTITIONS	RÉPÉTITIONS

Exercice 4	Exercice 5	Exercice 6
RÉPÉTITIONS	RÉPÉTITIONS	RÉPÉTITIONS

Exercice 7	Exercice 8	Exercice 9
RÉPÉTITIONS	RÉPÉTITIONS	RÉPÉTITIONS

SEMAINE 11 - JOUR 2

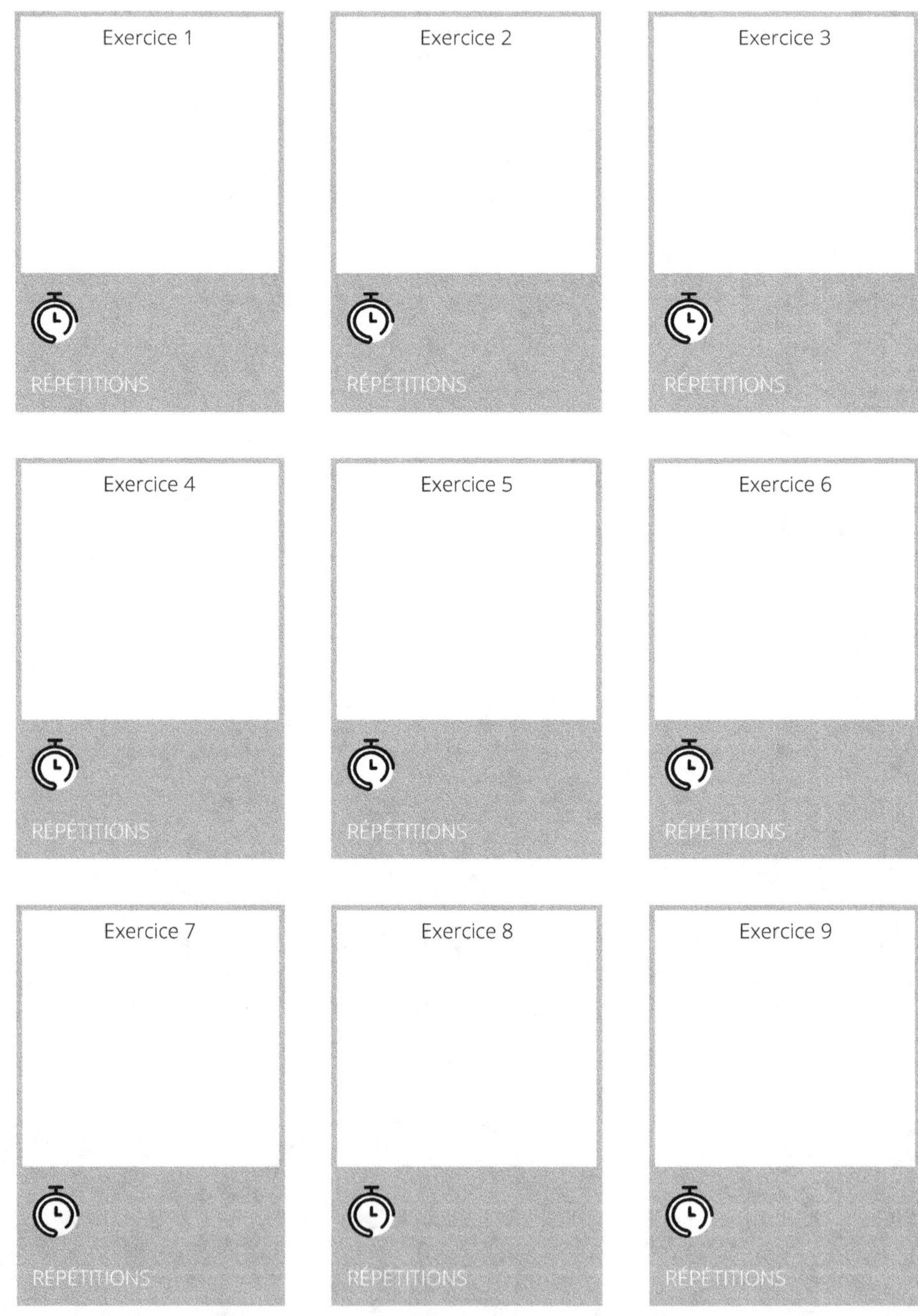

SEMAINE 11 - JOUR 3

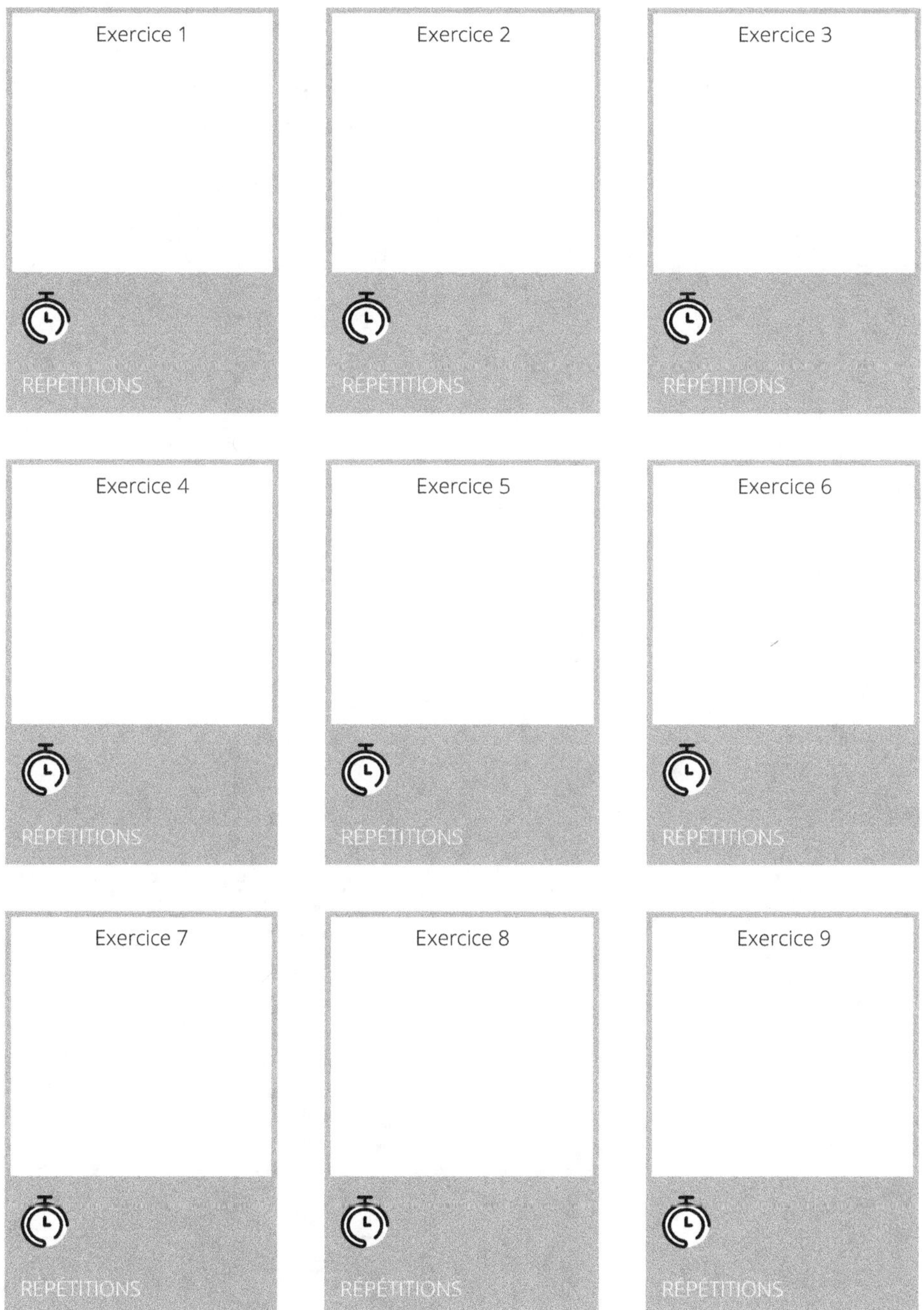

SEMAINE 11 - JOUR 4

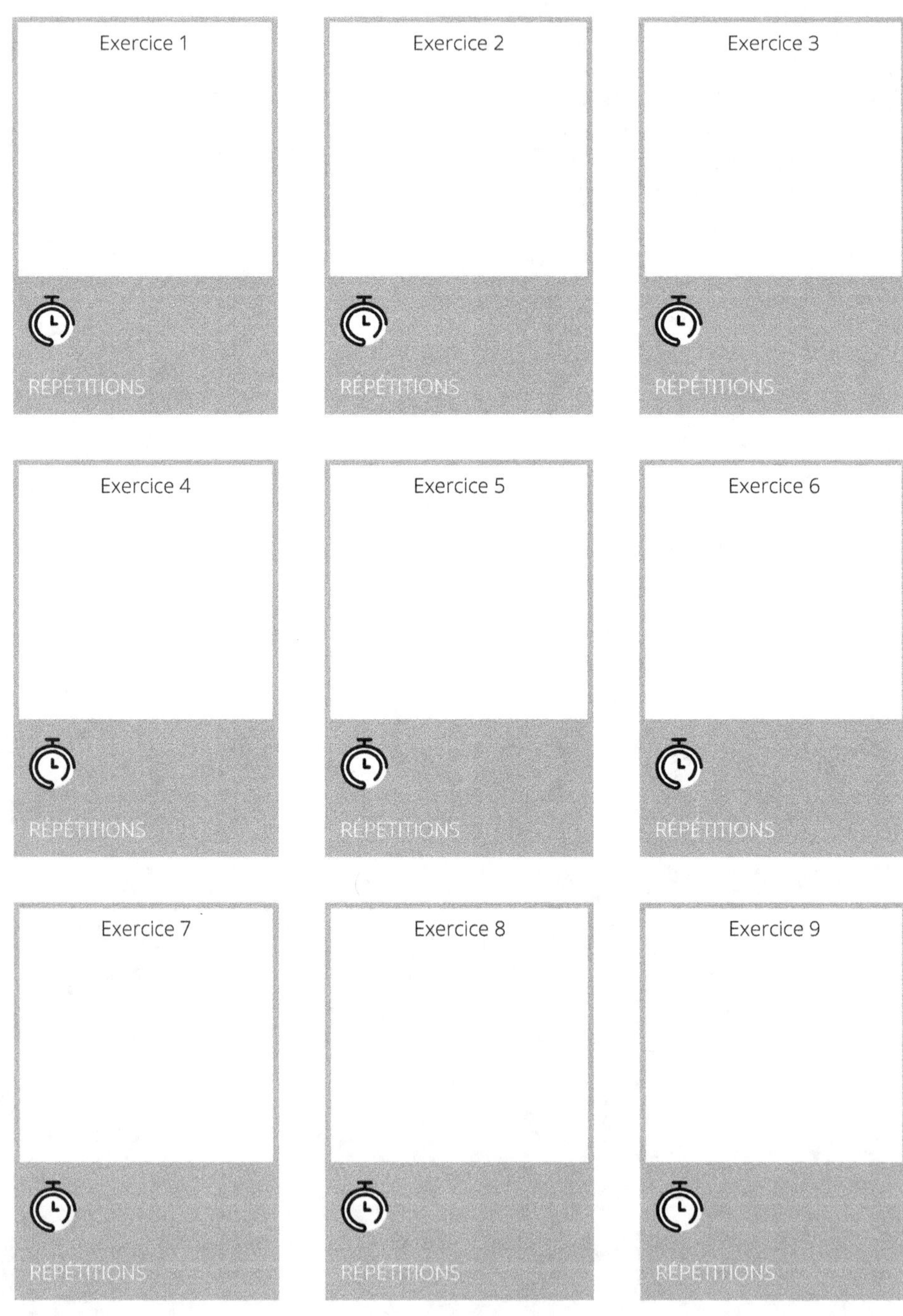

SEMAINE 11 - JOUR 5

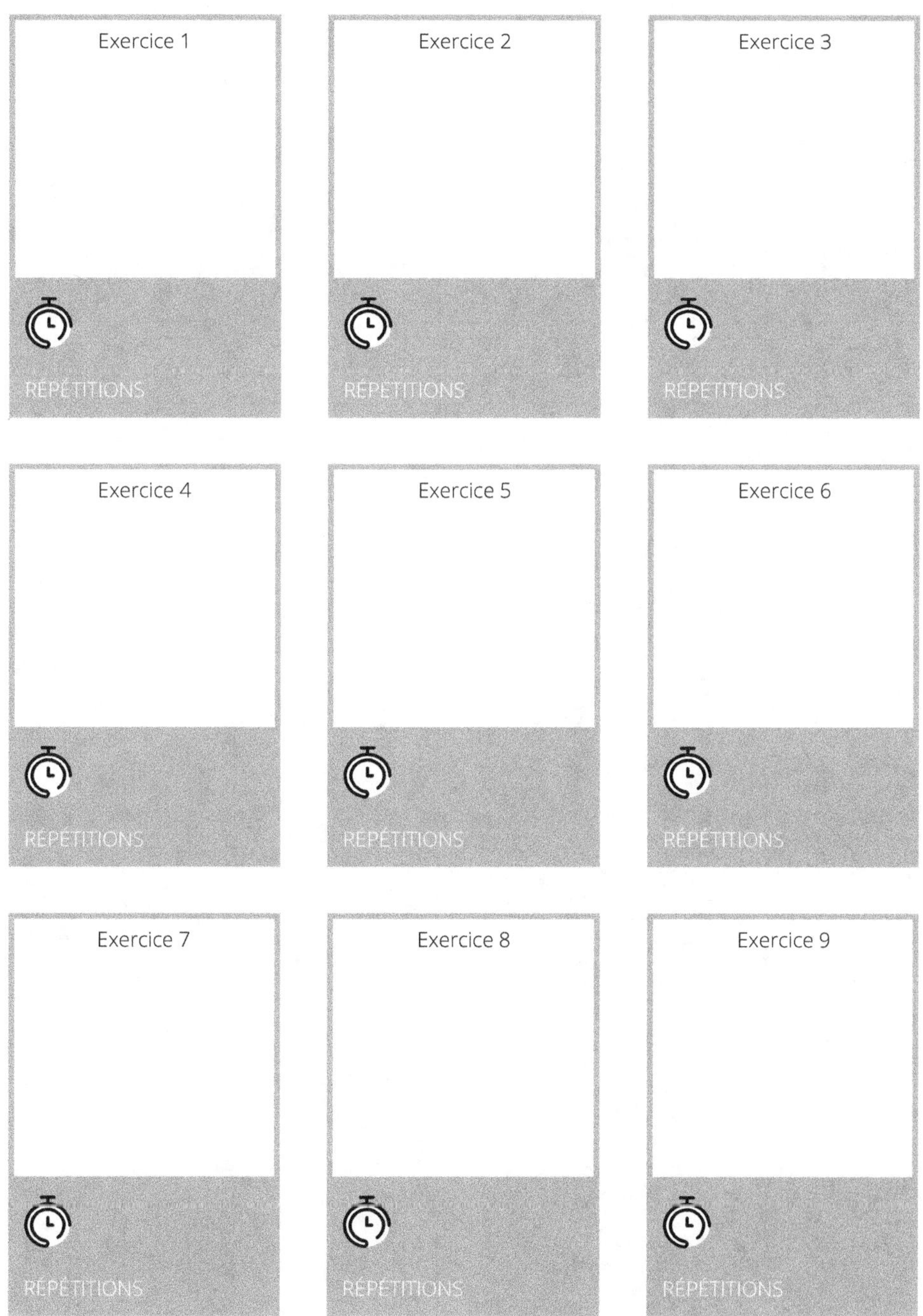

SEMAINE 11 - JOUR 6

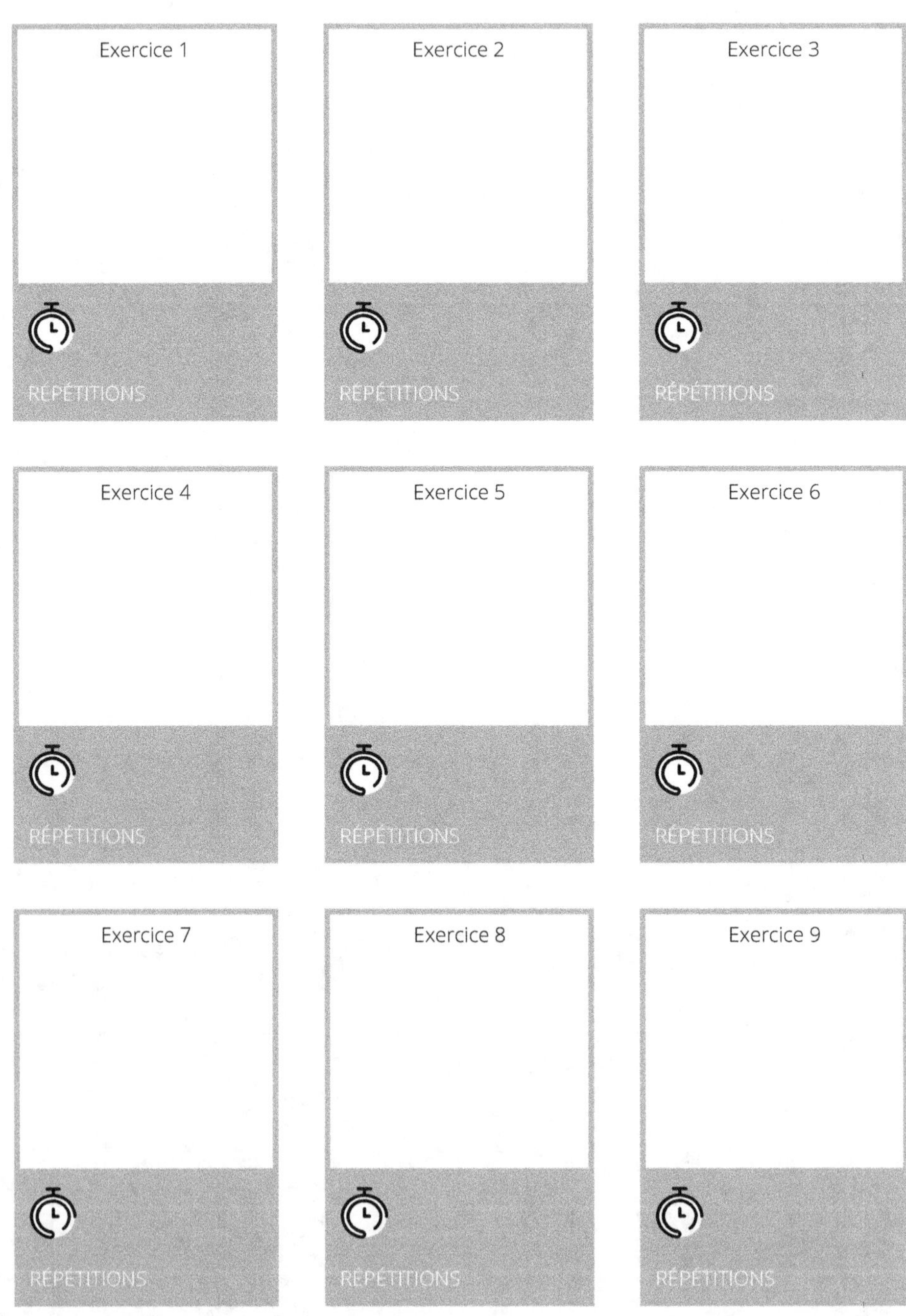

SEMAINE 11 - JOUR 7

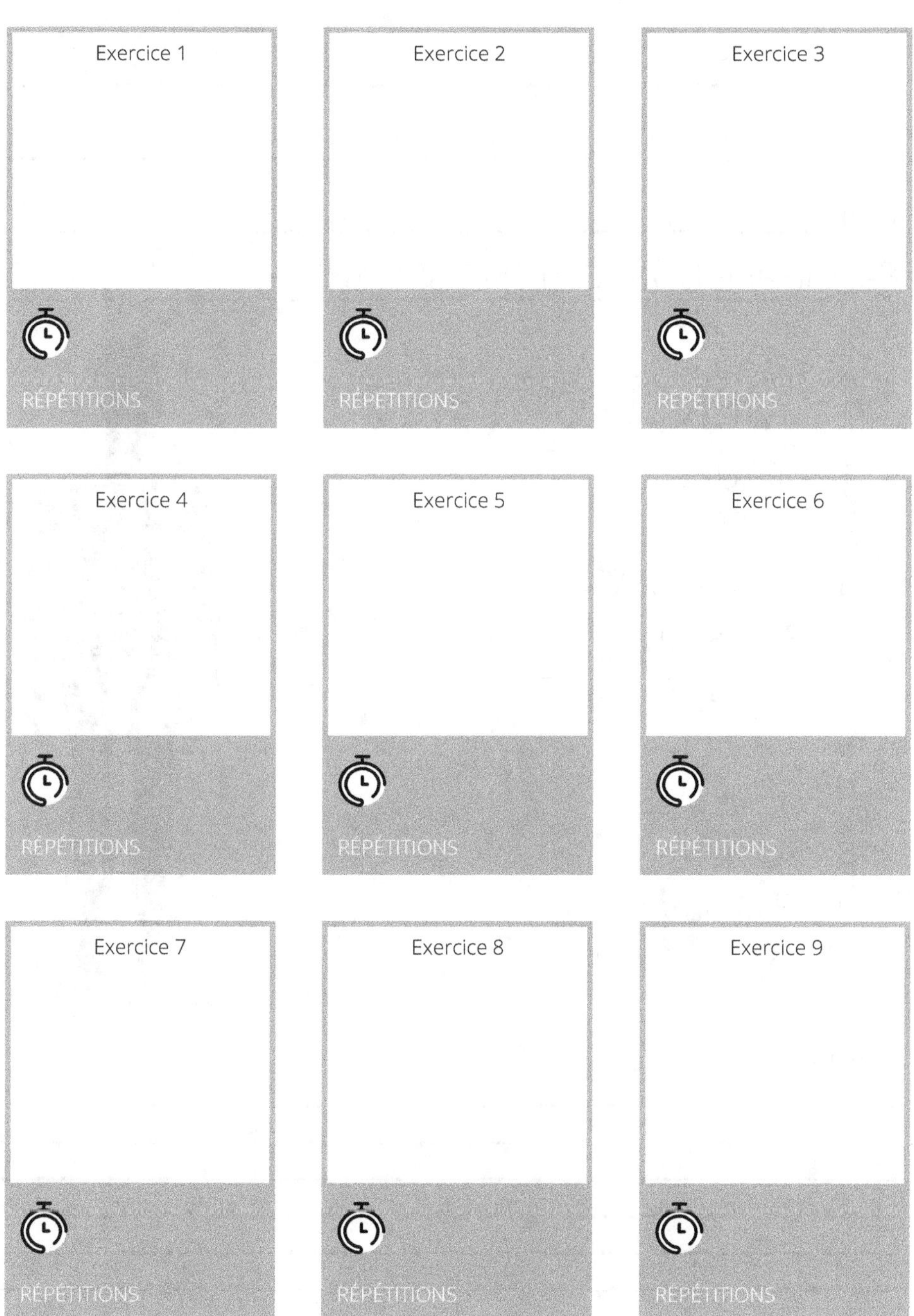

BILAN SEMAINE 12

ÂGE :

TAILLE :

POIDS :

⏱ DURÉE DE SPORT PAR SEMAINE :

MENSURATIONS

1 - ÉPAULES

2 - BICEPS

3 - AVANT BRAS

4 - POITRINE

5 - SOUS POITRINE

6 - TAILLE

7 - HANCHES

8 - FESSES

9 - CUISSES

10 - MOLLETS

MON RESSENTI GLOBAL

SEMAINE 12

LUNDI
MARDI
MERCREDI
JEUDI
VENDREDI
SAMEDI
DIMANCHE

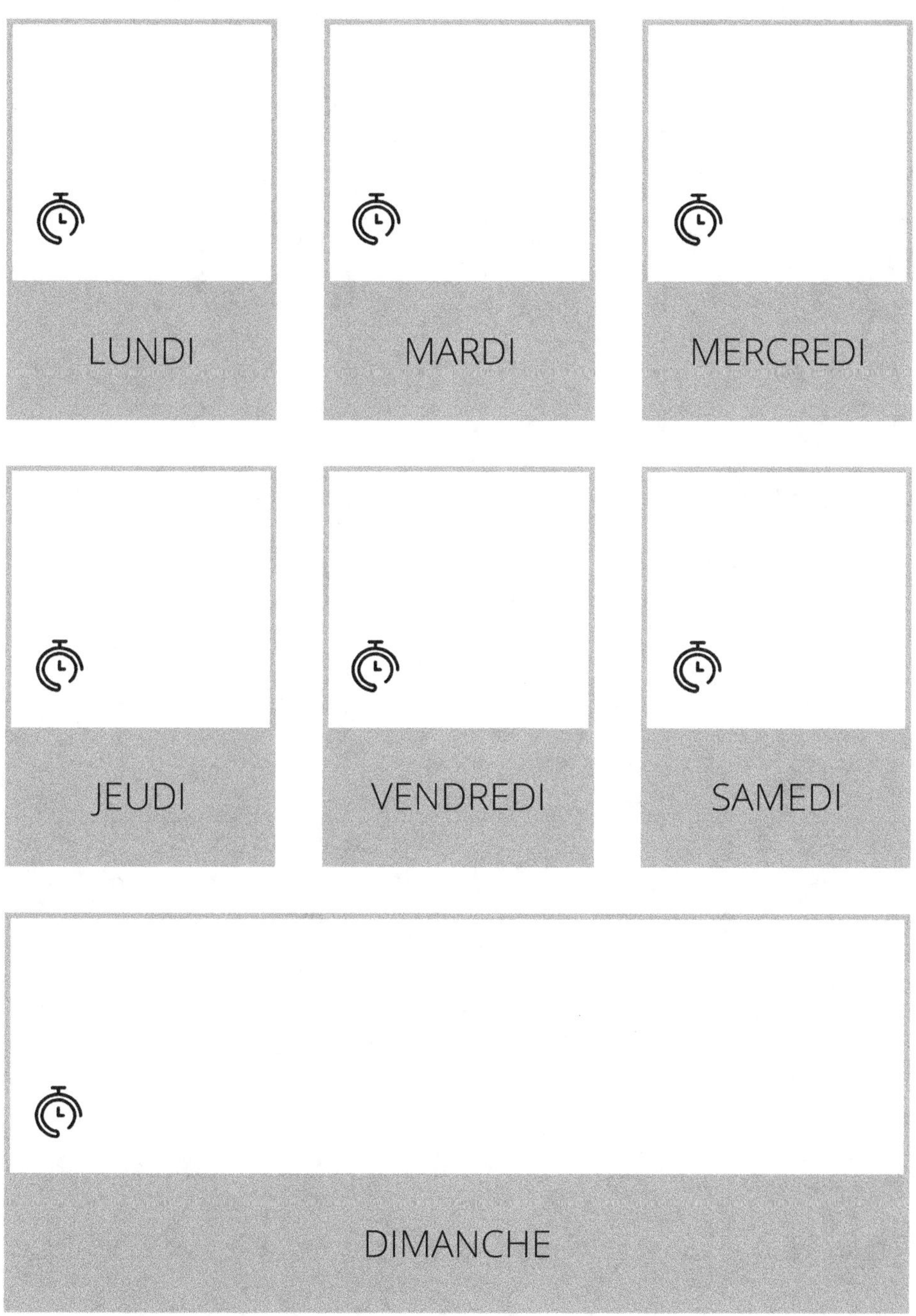

SEMAINE 12 - JOUR 1

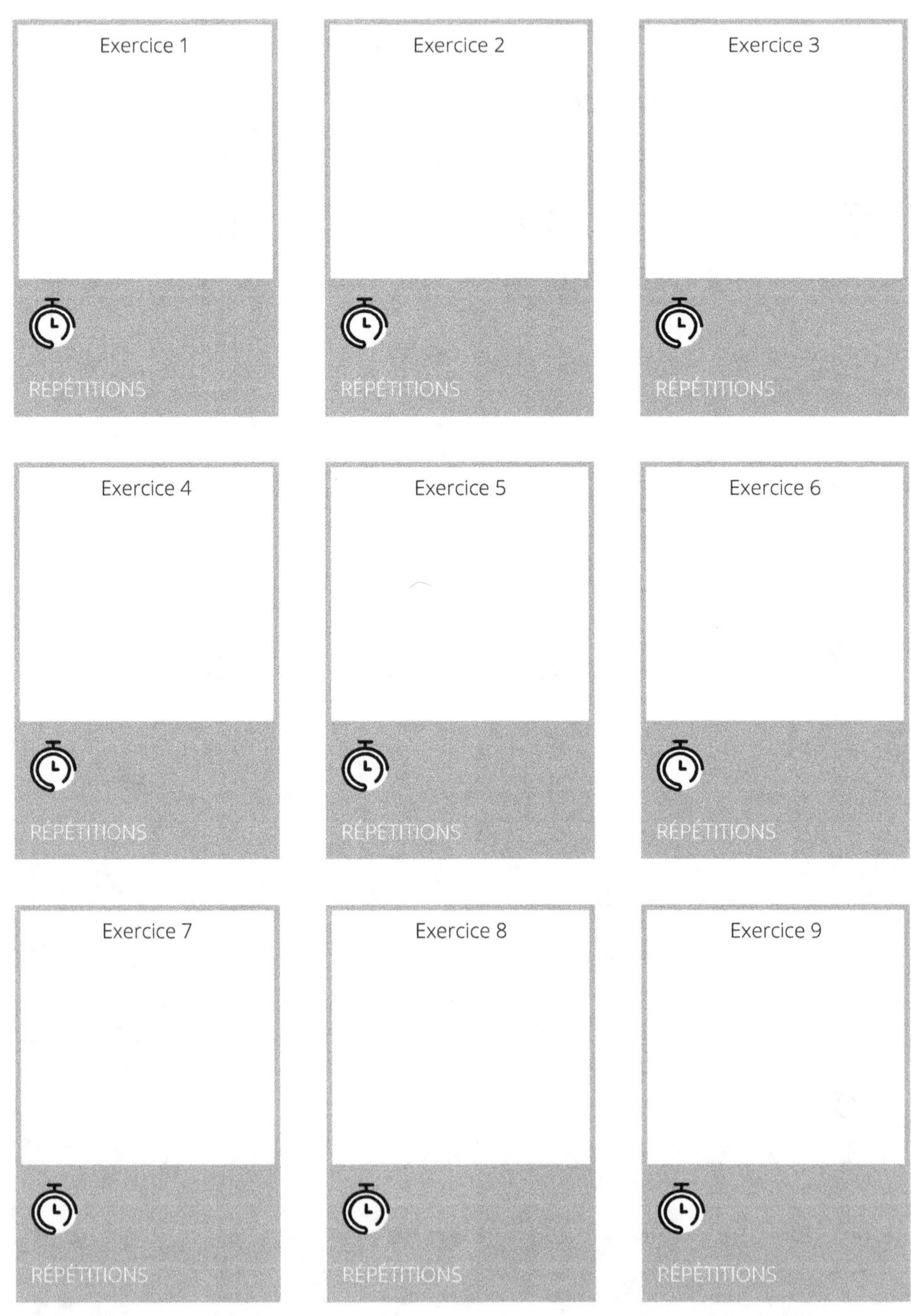

SEMAINE 12

LUNDI
MARDI
MERCREDI
JEUDI
VENDREDI
SAMEDI
DIMANCHE

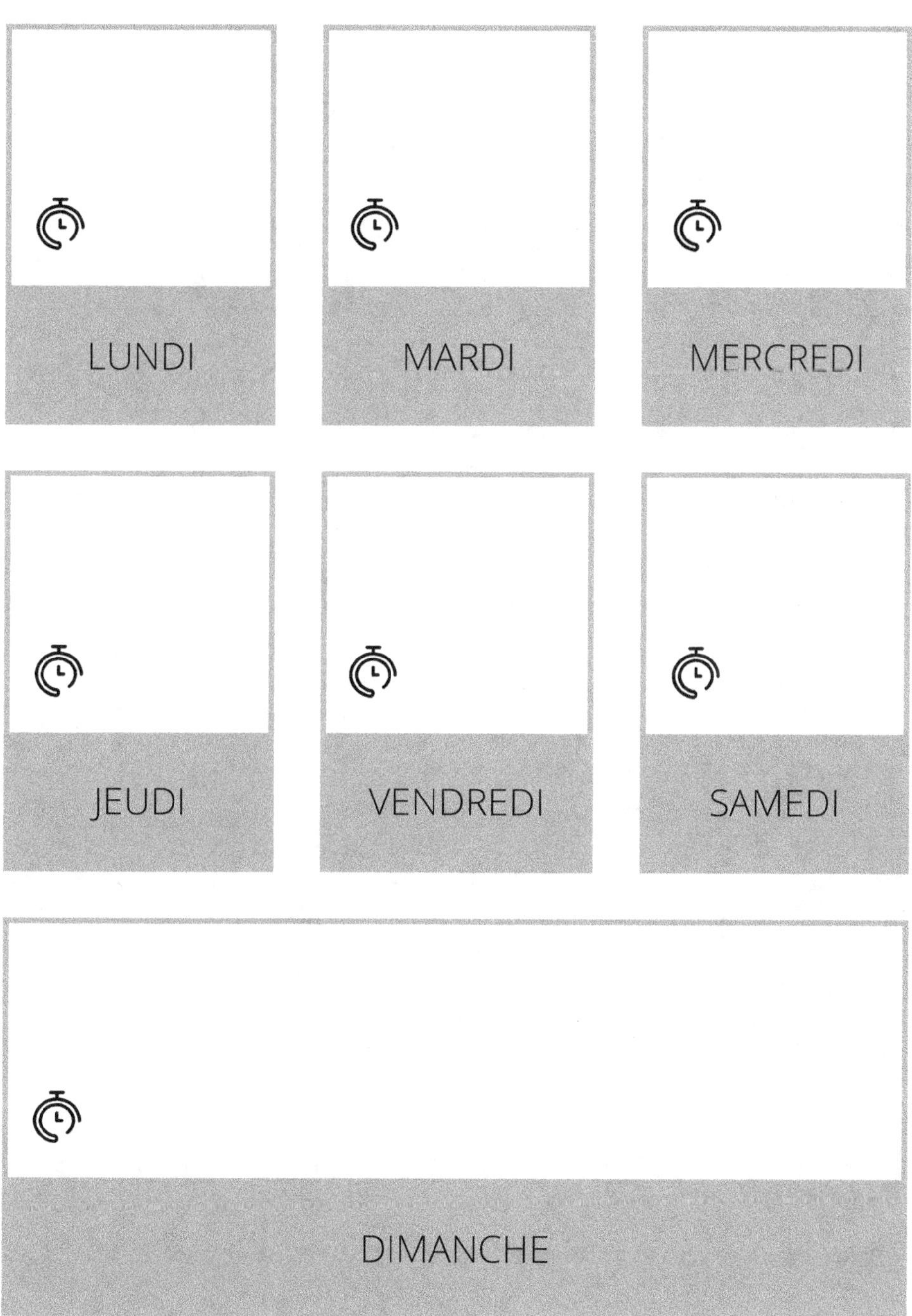

SEMAINE 12 - JOUR 1

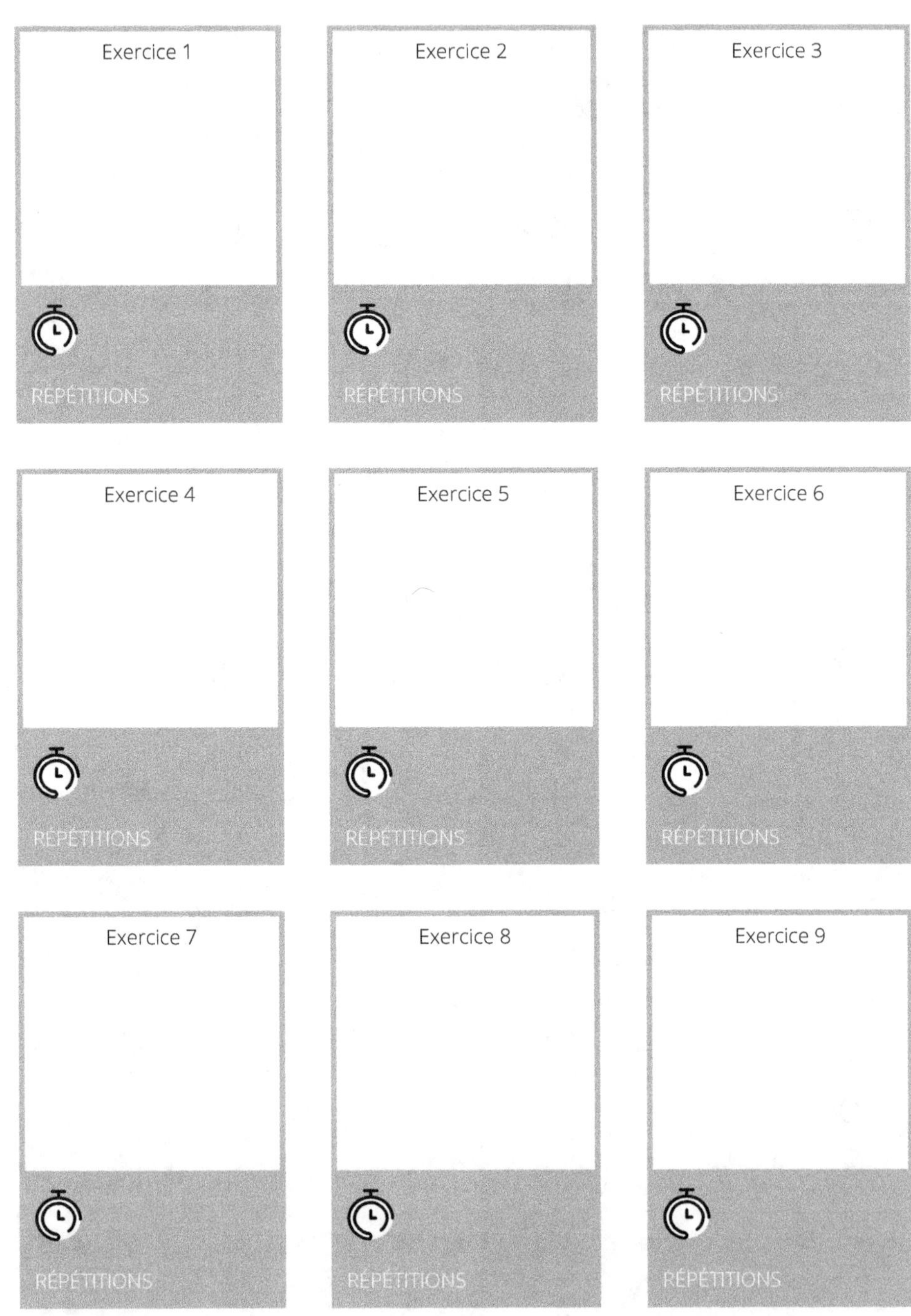

SEMAINE 12 - JOUR 2

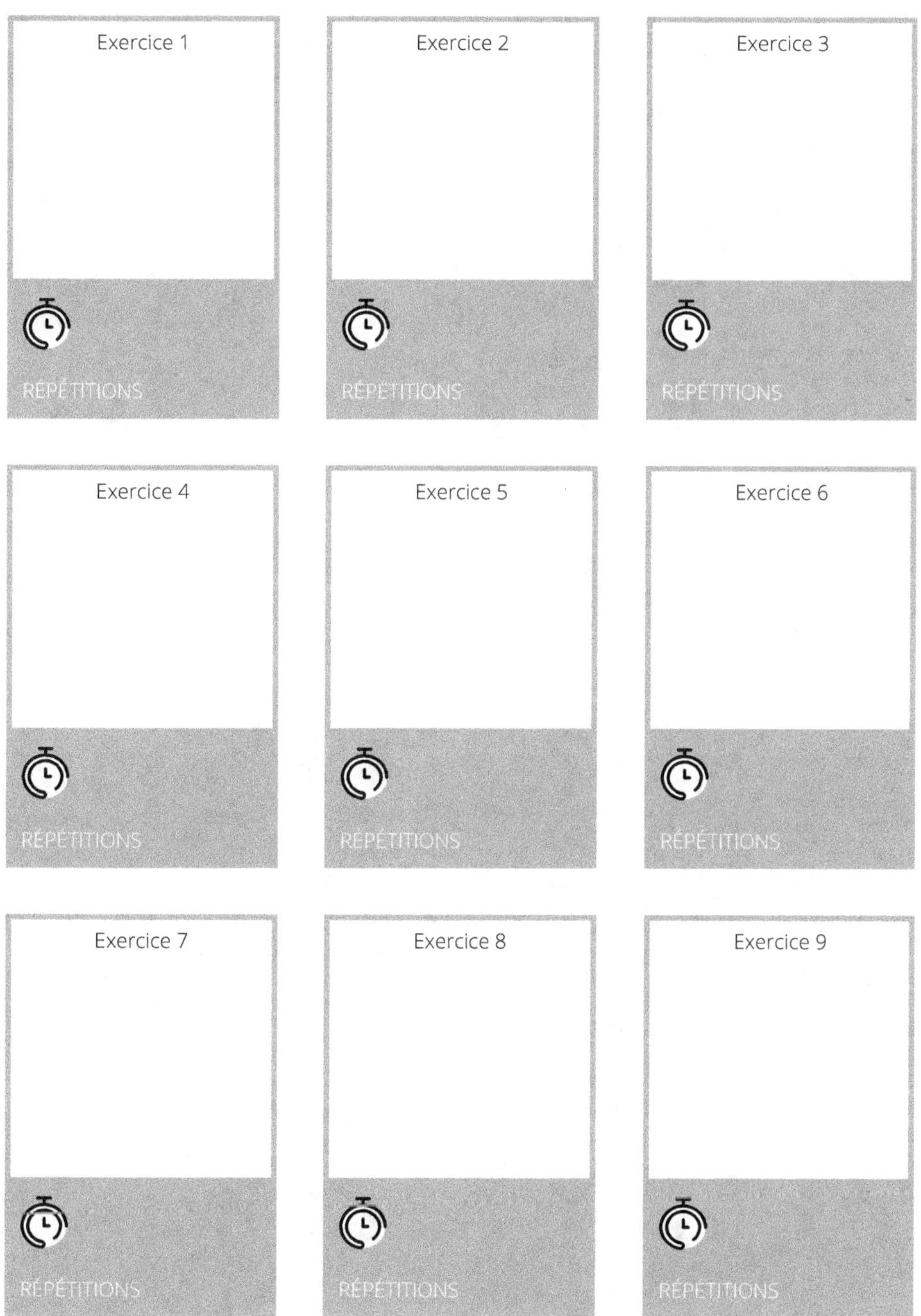

SEMAINE 12 - JOUR 3

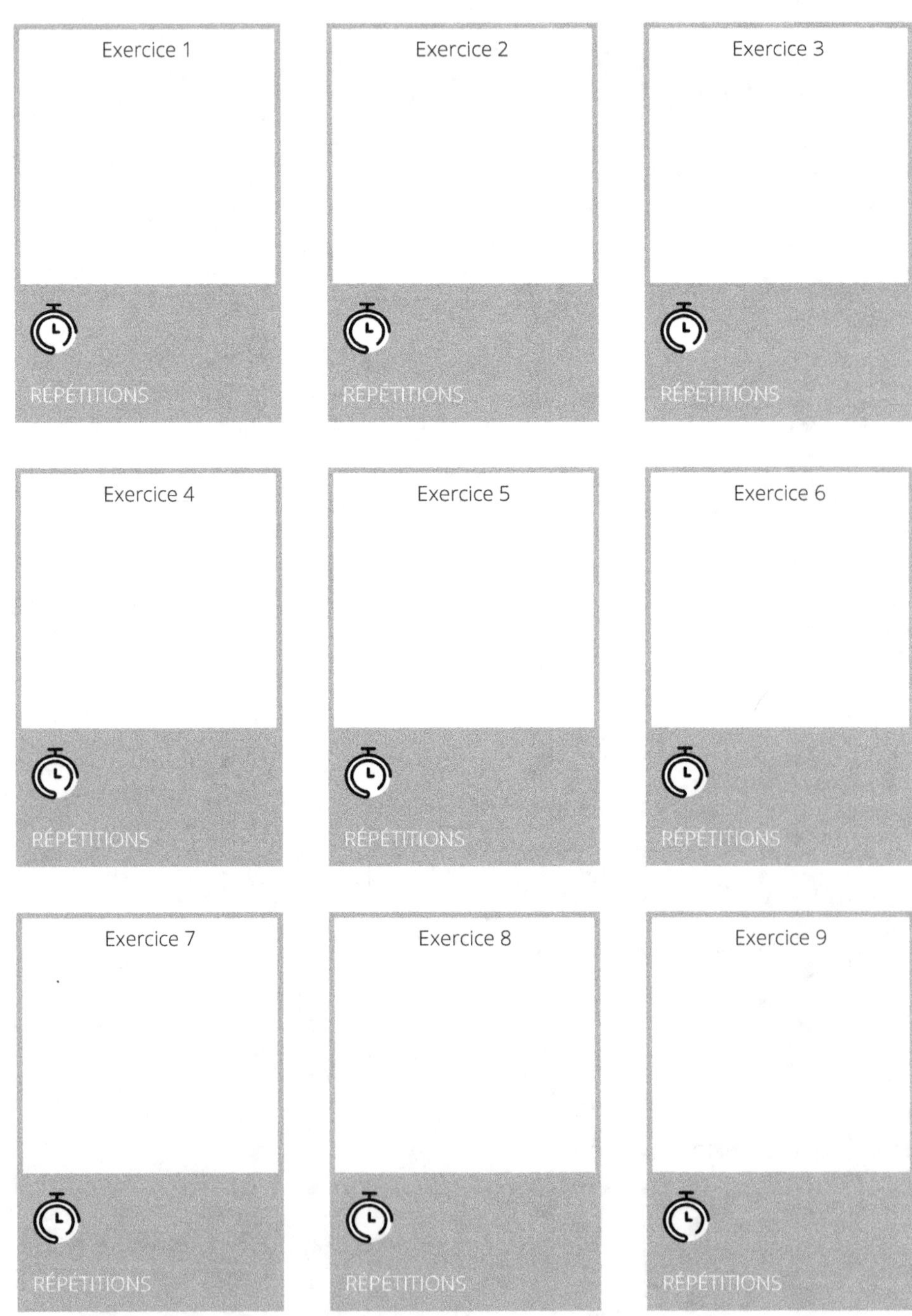

SEMAINE 12 - JOUR 4

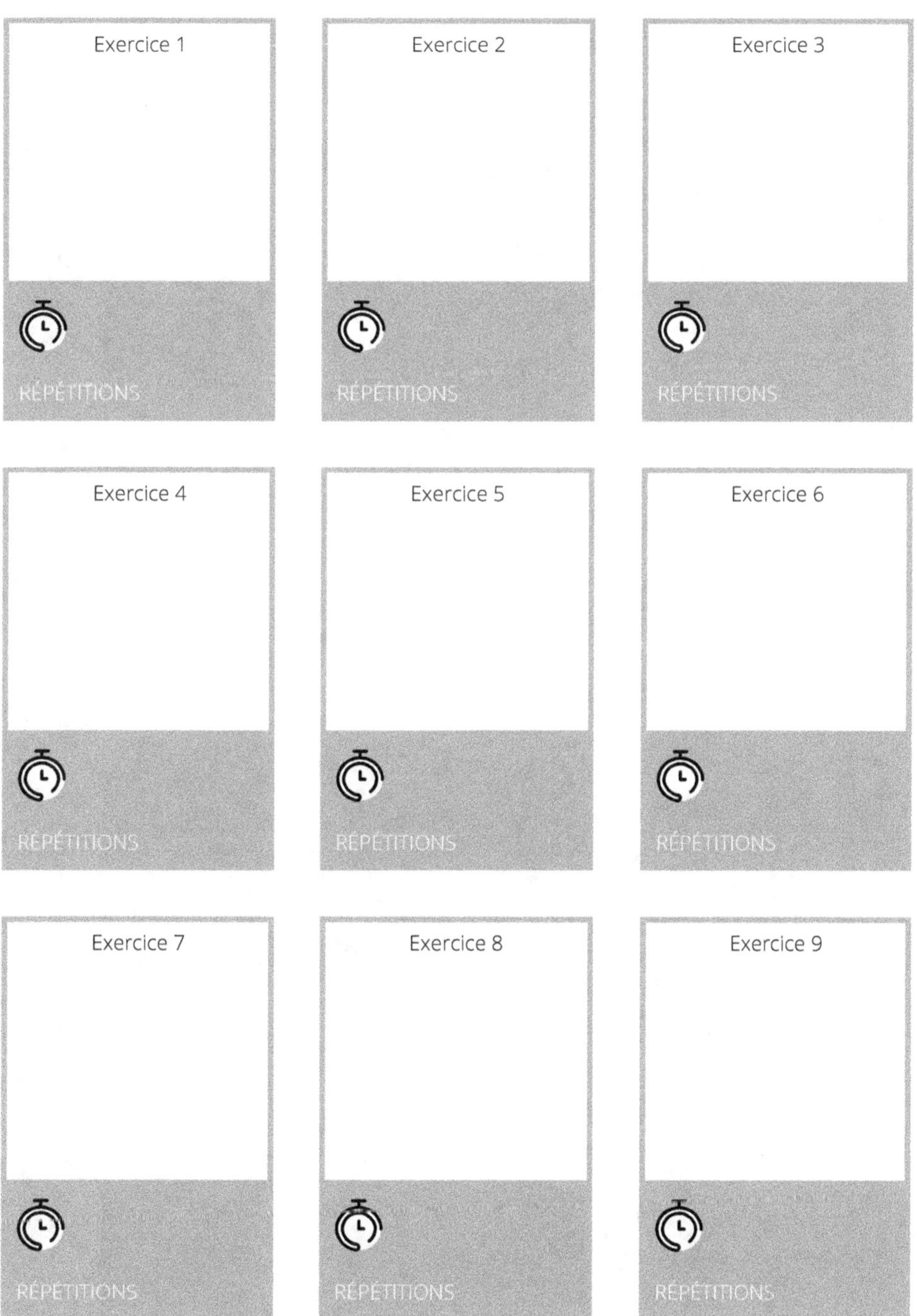

SEMAINE 12 - JOUR 5

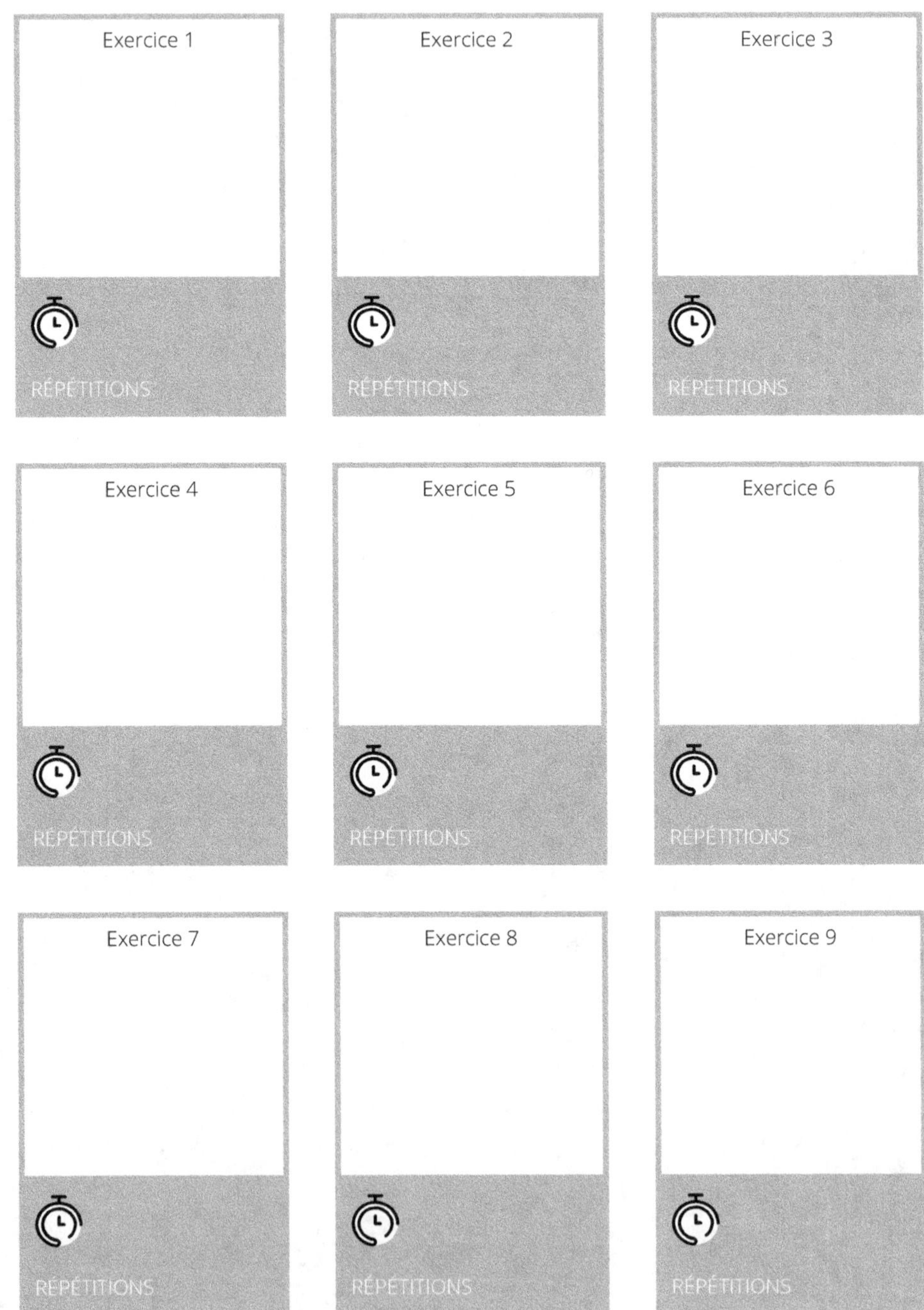

SEMAINE 12 - JOUR 6

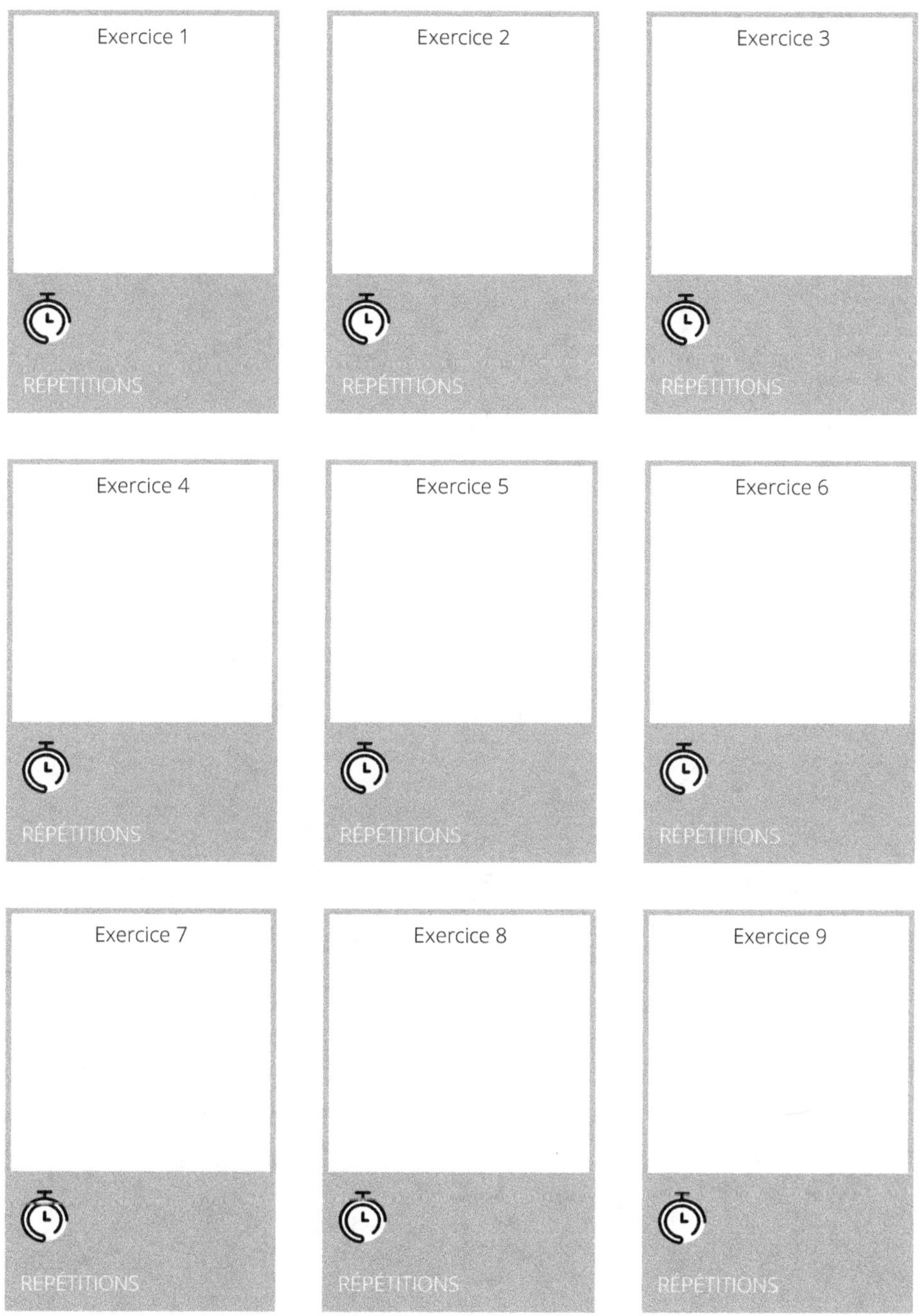

SEMAINE 12 - JOUR 7

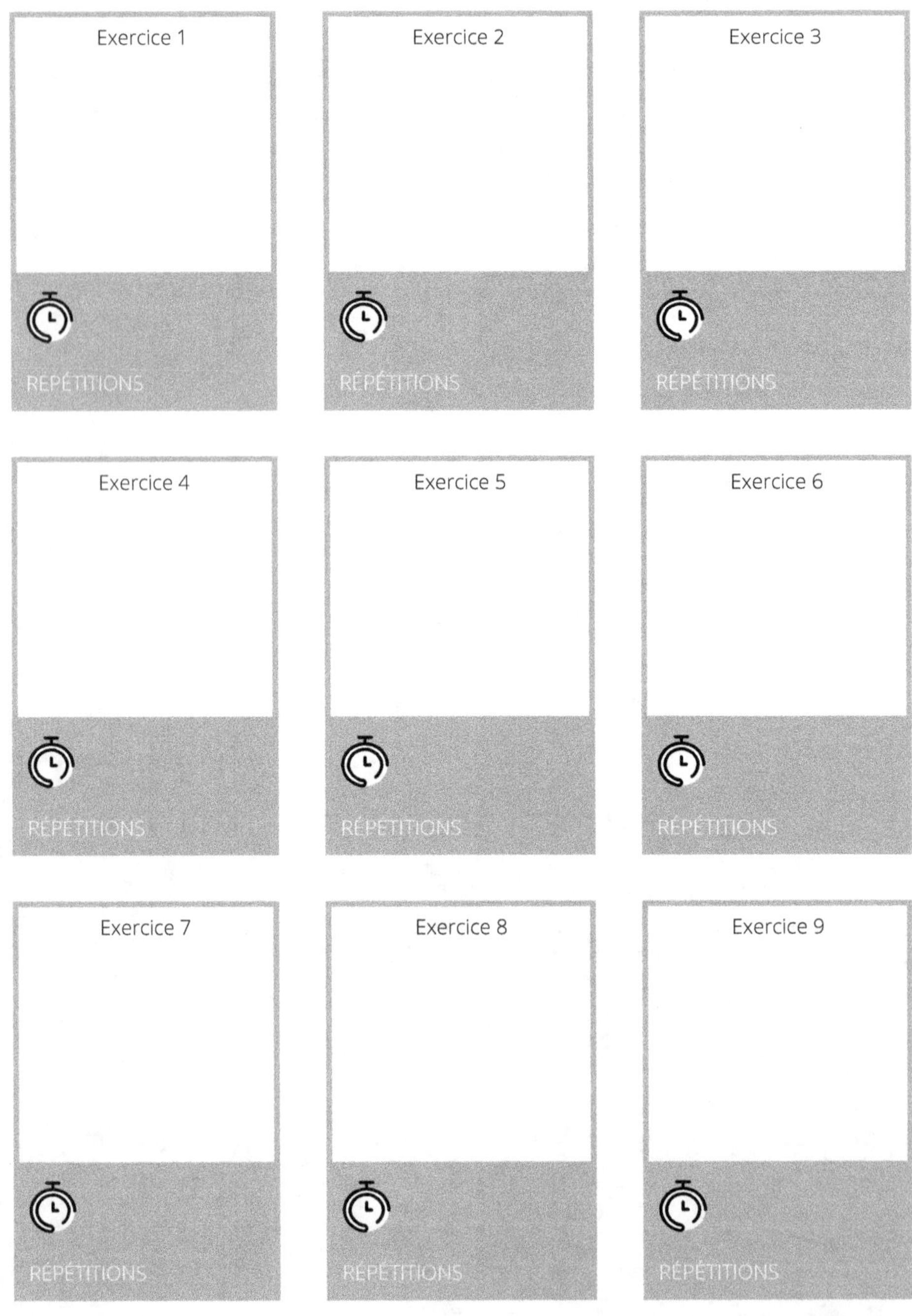

BILAN SEMAINE 12

ÂGE : ____

TAILLE : ____

POIDS : ____

🕐 DURÉE DE SPORT PAR SEMAINE : ___________________

MENSURATIONS

1 - ÉPAULES

2 - BICEPS

3 - AVANT BRAS

4 - POITRINE

5 - SOUS POITRINE

6 - TAILLE

7 - HANCHES

8 - FESSES

9 - CUISSES

10 - MOLLETS

MON RESSENTI GLOBAL

____

____

____

____

____